企事业单位改制
小问答

QISHIYEDANWEIGAIZHI
XIAOWENDA

本书编写组◎编

中国工人出版社

图书在版编目（CIP）数据

企事业单位改制小问答 / 本书编写组编. —北京：中国工人出版社，2014.5

（劳动权益书系）

ISBN 978-7-5008-5793-8

Ⅰ. ①企… Ⅱ. ①本… Ⅲ. ①企业改革—职工—权益保护—中国—问题解答②行政事业单位—体制改革—职工—权益保护—中国—问题解答 Ⅳ. ①F279.232.92-44②D630.1-44

中国版本图书馆CIP数据核字（2014）第097925号

企事业单位改制小问答

出 版 人	李庆堂
责任编辑	赵晨羽
责任校对	孙迺伟
责任印制	栾征宇
出版发行	中国工人出版社
地　　址	北京市东城区鼓楼外大街45号　邮编：100120
网　　址	http://www.wp-china.com
电　　话	（010）62350006（总编室）（010）62005039（营销出版部） （010）82075935（工会与劳动关系分社）
发行热线	（010）62004002　（010）82081553（传真）
经　　销	各地书店
印　　刷	北京市密东印刷有限公司
开　　本	660 毫米×960 毫米　1/16
印　　张	7
字　　数	110 千字
版　　次	2014 年 12 月第 1 版　2018 年 8 月第 3 次印刷
定　　价	20.00 元

目 录

三、改制企业职工应了解的社会保障政策 …………………… 035

四、事业单位转企改制政策知多少 …… 057

五、企事业单位改制中的职工权益如何维护 …… 073

目录

一、企事业单位改制中的关键词

1. 什么是企事业单位？

顾名思义，企事业单位就是企业单位和事业单位的简称。

企业单位是以营利为目的的独立核算的法人或非法人单位。其特点是自负盈亏，承担独立的民事责任。所谓“自负盈亏”意即：自己承担亏损与盈利的后果，有一定的自主权。企业单位分为国企和私企。国企就是属国家所有的企业单位。私企就是属个人所有的企业单位。

事业单位是指国家为了社会公益目的，由国家机关举办或者其他组织利用国有资产举办的，从事教育、科技、文化、卫生等活动的社会服务组织。一般情况下国家会对这些事业单位予以财政补助。分为全额拨款事业单位（如学校等）、差额拨款的事业单位（如医院等）以及自收自支的事业单位，即国家不拨款的事业单位。

→政策链接

《国务院办公厅关于印发分类推进事业单位改革配套文件的通知》

《中共中央、国务院关于分类推进事业单位改革的指导意见》

小贴士

事业单位中直接包含有一些行政管理机构的成分，他们并不是以营利为目的，而是具有某些国家分支机构的色彩，并承担着相应的管理职能。同时，事业单位也不属于政府机构。一般是由国家设置的履行管理或社会服务等职能的公益性机构，与政府机构的公务员并不一样。

2. 什么是企事业单位改制？

企事业单位改制是指企业单位改制和事业单位转企改制两种形式。

企业单位改制是通常所说的结束“企业办社会”时代，让企业自主经营、自负盈亏，把职工由企业人变成社会人的过程。是国家为了减轻企业负担、提高企业效益，对国有或集体企业实施的改造行为。一般指国有或集体企业通过重组、合资、转让等行为，改变企业原有的资本组成、组织模式和经营管理模式，建立现代企业制度的过程。企业改制模式可以分为整体改制和部分改制。整体改制是以企业整体改为符合现代企业制度要求的企业；部分改制是企业以部分资产进行重组，原企业继续保留。

而事业单位改制的方向，是要建立一个能够与社会主义市场经济体制相适应、满足公共服务需要、科学合理、精简高效的现代事业组织体系。比如：事业单位可以转企改制、可以改为民办非企业或歇业清算等。事业单位改制过程中要坚持以下基本原则：既要因事制宜，又要大胆创新；既要有利于经济发展，又要有利于社会稳定；既要切实维护好职工利益，又要使国有资产保值增值；既要调动在职职工的积极性，又要妥善安置好分流人员、离退休人员的生活；既要统筹兼顾、认真完善各项配套措施和相关政策，又要稳步推进改制工作的顺利进行。事业单位改制中的国有资产转让，应该参照国务院财政部、国资委联合颁布的《企业国有产权转让管理暂行办法》办理，通过依法设立的产权交易机构公开进行。

→政策链接

《中共中央关于国有企业改革和发展若干重大问题的决定》

《国家经济贸易委员会等部门印发〈关于国有大中型企业主辅分离辅业改制分流安置富余人员的实施办法〉的通知》

《国务院办公厅转发国务院国有资产监督管理委员会关于规范国有企业改制工作意见的通知》

小贴士

国有企业改革是我国企业改制的重头戏。国有企业改制需要妥善解决企业资产重组、职工安置等一系列问题，关系到改制企业全体职工的切身利益。

3. 什么是内退？

内退全称内部休养、内部退养或是离岗休养。是指没有真正办理退休手续，而在单位内部运作中的一种近似享受退休待遇的办法，是单位对内部情况特殊人员的一种安排。办理内退的人员可不在单位相应岗位工作，但仍可按月从单位领取一定数额的内退费，这些人员的社会保险不能中断，由单位继续在社保中心缴纳，直至达到法定退休年龄后，再办理正式退休手续。实际上是一种既保留劳动关系又解决无须安排在岗的办法。

→法条链接

《国有企业富余职工安置规定》

《劳动和社会保障部等部门关于印发国有大中型企业主辅分离辅业改制分流安置富余人员的劳动关系处理办法的通知》

小贴士

内退待遇主要体现在内退而不变更职工在岗身份，不享受一次性安置补助费待遇，内退期间由单位发给生活费，已经在改制前办理内退的，其生活费、养老金自改制后新企业成立时起，为其发放生活费并为其缴纳社会保险费。

4. 什么叫身份置换金？

身份置换金是在企业改制中出现的，全称“终止劳动合同身份置换补偿金”。事业单位在转企改制中也借用此概念和做法。

国企改制的情况是：企业改制前与职工签订的劳动合同将终止，改制后的员工身份随之变化，由原来的国有职工身份置换为合同制员工，置换身份时企业将会给职工一定的补偿金。补偿金可作为员工个人股份加入该职工的新企业，然后由新企业与员工重新签订新的劳动合同。如果员工不愿意在改制后的新企业工作，或者改制后不再被新企业聘用，可领取补偿金另谋出路。

事业单位在转企改制中出现的身份置换金的计算与国企改制中的做法基本相同。计算是按照职工实际工作年限，每满一年发给职工一个月基本工资的经济补偿作为身份置换金。

→政策链接

《国务院办公厅转发国资委关于进一步规范国有企业改制工作实施意见的通知》

小贴士

国企改制简单概括起来就是两个“置换”。一是产权置换，二是职工身份置换。改制企业的在岗职工，必须将原享有的国有企业职工身份转换为非国有企业职工身份，同时得到适当的经济补偿，并重新与改制后的企业签订新的劳动合同。另外，对原非在岗职工的医疗、失业和退休养老保险也必须依法进行安排。

现实生活中，有一部分人对身份置换金和经济补偿金的概念以及两者区别产生误解，有些人干脆认为两者是一回事，导致企事业单位在改制过程中产生了一些不必要的纷争。国家没有法律、法规对身份置换金进行规范，关于身份置换金只散见于国家、地方一些指导性政策和文件，无强制性规定。

5. 什么是经济补偿金？

经济补偿金是指因用人单位的原因或者用人单位非过失性解除与劳动者的劳动关系时，依照劳动合同法规定按照一定标准向劳动者支付的补偿。其主要是对劳动者暂时失去工作后，为维持其基本生活而给予的一种经济补助。

经济补偿，一般根据职工在用人单位的工作年限和工资标准来计算。公式为：经济补偿金 = 工作年限 × 月工资。工作年限的计算标准是：每满一年支付一个月工资，6 个月以上不满 1 年的按 1 年计算；不满 6 个月的按半个月工资标准支付。月工资的计算标准是：企业正常生产情况下，职工解除劳动合同前 12 个月的本人月平均工资，工资计算标准不得低于当地最低工资标准。比如职工王某在改制企业连续工作 10 年后解除劳动合同，他前 12 个月的平均工资是 3500 元，他应得到的经济补偿金是：10 × 3500 = 35000 元。

→法条链接

《劳动法》第二十四条、第二十六条、第二十七条。

《劳动合同法》第四十六条、第四十七条、第四十八条

小贴士

劳动者的以下劳动收入不列入经济补偿金基数的范围：

（1）社会保险福利费用，如丧葬抚恤救济费、生活困难补助费、计划生育补贴等；

（2）劳动保护费用，如工作服、解毒剂、清凉饮料费用等；

（3）按规定未列入工资总额的各种劳动报酬及其他劳动收入，如创造发明奖、国家星火奖、自然科学奖、科学技术进步奖、合理化建议和技术改进奖、中华技能大奖等，以及稿费、讲课费、翻译费等。

6. 什么是买断工龄？

“买断工龄”，即参照员工在企业的工作年限、工资水平、工作岗位等条件，结合企业的实际情况，经企业与员工双方协商，报有关部门批准，由企业一次性支付给员工一定数额的货币，从而解除企业和富余员工之间的劳动关系，把员工推向社会的一种形式 。

改革开放初期很多国有企业采取了“买断工龄”的办法安置富余员工也只是权宜之计。“买断工龄”是建立在国有企业员工“终身制”，且医疗保险、养老保险、失业保险等基本社会保障制度尚未建立的基础之上，企业支付给员工“买断工龄”的货币，应该视为企业解除与员工之间的劳动关系后企业支付给员工的经济补偿金。

→法条链接

《中华人民共和国合同法》第九十条

《劳动合同法》第四十八条

《劳动部关于印发〈违反和解除劳动合同的经济补偿办法〉的通知》

《中共中央关于国有企业改革和发展若干重大问题的决定》

《中共中央、国务院关于切实做好国有企业下岗职工基本生活保障和再就业工作的通知》

小贴士

“买断工龄”是民间通俗的说法，没有政策与法律规定，《违反和解除劳动合同的经济补偿办法》就是给“买断工龄”提供的法律依据，其补偿标准也就是“买断工龄”的标准。

7. 什么是企业并轨？

“企业并轨”是国有企业下岗职工基本生活保障制度向失业保险并轨的简称。主要内容是：停止执行国有企业下岗职工基本生活保障制度，企业按规定关闭再就业服务中心，今后企业新裁减人员将按照《劳动法》相关规定，直接与职工解除劳动关系。

→政策链接

《劳动和社会保障部等部门关于印发国有大中型企业主辅分离辅业改制分流安置富余人员的劳动关系处理办法的通知》

小贴士

为解决下岗职工较为集中的问题，国家建立了下岗职工基本生活保障制度。在失业保障制度逐步建立后，国家为充分发挥市场导向作用促进下岗职工再就业，决定将下岗职工基本生活保障制度向失业保障制度并轨。并轨后，与企业解除劳动关系的职工再就业之前由失业保障制度保障其基本生活。

8. 什么是国有资本退出？

国有资本退出，是指国有资本以货币资本形式从一些产业和企业向另一些企业、产业集中和集聚的过程。国有资本退出是在经济转轨时期，根据市场效率和增值原则，将国有资本从略有垄断优势或丧失竞争优势的领域，流向其他领域的过程。它是搞活国有经济，发挥国有经济的主导作用的有效途径。

→政策链接

《中共中央关于国有企业改革和发展若干重大问题的决定》

《中共中央关于完善社会主义市场经济体制若干问题的决定》

小贴士

国有企业改革或者国有资本“逐步从竞争性行业退出”必须解决好五个方面的问题：一是要建立国家授权的“国有资产投资管理公司”；二是建立企业内部职工投资基金和社会投资基金，分别代表职工和基金投资人行使投资主体责任；三是加强政府的监管与政策引导功能，退出并不意味放弃，要在国家产业政策的指导下，鼓励跨国资本进入竞争性行业，保持相对独立的工业体系；四是建立相对合理与公平的企业内部保障体系，并逐步向社会保障与保险过渡。

9. 什么叫企业股份制改造？

企业股份制改造是国有企业改制的一种方式。它是指将单一所有制形式的国有企业改造为混合所有制形式的企业。改造后的企业可以是国有控股、国有参股、中外合资等多种形式。企业所有制形式改变后，其经营模式也会根据《公司法》等相关规定发生相应变化。

→政策链接

《股份制企业试点办法》第四部分

《股份有限公司规范意见》第二十四条

小贴士

在股份制和股份合作制企业里，职工兼具劳动者和股东的双重身份，非系单纯的雇佣关系。政府部门通过创造就业机会、建立和完善下岗失业救济机制和养老保险、医疗保险等社会保障机制，充分保障职工的利益，制定合理的工资标准，限制企业的绝对权力，解除职工的后顾之忧。

10. 什么叫政策性破产？

政策性破产是指在实施国有企业破产中，根据《国务院关于在若干城市试行国有企业破产有关问题的通知》（国发〔1994〕59 号），《国务院关于在若干城市试行国有企业兼并破产和职工再就业有关问题的补充通知》（国发〔1997〕10 号）为依据，由政府主导、法院实施的有计划有步骤的破产行为。根据我国《企业破产法》的规定，具有下列情形之一的企业，经人民法院裁定，可以宣告破产：一是企业因经营管理不善造成严重亏损，不能清偿到期债务的；二是整顿时期，企业或者是不执行和解协议，或者是财产状况继续恶化，债权人申请终结整顿的，或者是人民法院受理被立案件前 6 个月至破产宣告之日的期间内，破产企业隐匿、私分或者无偿转让财产，非正式压价出售财产，对原来没有财产担保的债务提供财产担保，对未到期的债务提前清偿，放弃自己的债权的；三是整顿期满，不能按照和解协议清偿债务的；我国的破产法只适用于全民所有制企业，不适用于集体所有制企业、私营企业和外商投资企业。企业破产是一项十分严肃的法律行为，它直接涉及企业全体职工的经济利益，必须严格按照法律程序进行。

→政策链接

《国务院关于若干城市试行国有企业破产有关问题的通知》

《国务院关于在若干城市试行国有企业兼并破产和职工再就业有关问题的补充通知》

小贴士

为转换企业经营机制，建立现代企业制度，实现国有企业3年脱困，国家从1994年开始实行“优化资本结构”试点工作，政策性破产由此而生。国有困难企业通过政策性破产平稳退出市场，使国有企业的结构得到优化。政策性破产可以说是在市场经济体制不完善的情况下，解决国有困难企业退出市场的一项成功的制度创新。随着《企业破产法》的实施，国有企业已经停止实施政策性破产，全面转向依法破产。

11. 什么是“三类资产”？

企业的“三类资产”是指企业的非主业资产、闲置资产和关闭破产企业的有效资产。非主业资产指按照企业改革发展的要求和专业化分工原则，需要分离的辅业资产、后勤服务单位的资产以及与主业关联不大的其他资产；闲置资产指闲置一年以上的企业资产；关闭破产企业的有效资产指政策性关闭破产企业中符合国家产业政策、有一定获利能力，并用于抵偿职工安置等费用部分的资产。根据国经贸企改〔2002〕859号文件的要求，国有大中型企业应根据企业发展战略和结构调整的需要，以精干主业、减员增效、安置富余人员为目标，从本企业实际出发，合理界定“三类资产”的范围。

→政策链接

《国家经济贸易委员会等部门关于国有大中型企业主辅分离辅业改制分流安置富余人员的实施办法》

小贴士

“三类资产”由主体企业的同级国有资产监督管理机构和财政部门负责认定。利用“三类资产”改制并办理工商登记注册手续后，由主体企业分户或分批分别向国有资产监督管理机构、财政部门上报“三类资产”认定申请，国有资产监督管理机构与同级财政部门联合批复。

12. 什么是“厂办大集体”？

厂办大集体是指由国有企业批准或资助兴办的，以安置回城知青和职工子女就业为目的，主要向主办企业提供配套产品或劳务服务，由主办企业委派人员或领导参与生产经营并在工商行政机关登记注册为集体所有制的企业。厂办大集体曾为经济发展和社会就业发挥了重要作用，但目前已成为制约国有企业改革发展和影响社会稳定的重要因素。

→政策链接

《国务院办公厅关于在全国范围内开展厂办大集体改革工作的指导意见》

小贴士

20世纪七八十年代，一些国有企业资助兴办的向主办企业提供配套产品或劳务服务的厂办大集体企业，对发展经济和安置回城知识青年、职工子女就业发挥了重要作用。但随着国有企业改革深化和社会主义市场经济发展，厂办大集体产权不清、机制不活、人员富余、竞争力弱等问题日益突出，大量企业停产、职工失业。

13. 什么叫“五险一金”？

“五险一金”，是指用人单位给予劳动者的几种保障性待遇的合称，“五险”指的是五种保险，包括养老保险、医疗保险、失业保险、工伤保险和生育保险；“一金”指的是住房公积金。其中养老保险、医疗保险和失业保险，这三种险是由企业和个人共同缴纳保费的，工伤保险和生育保险完全是由企业承担的，个人不需要缴纳。这里要注意的是“五险”是法定的。

→法条链接

《社会保险法》第二条

《住房公积金管理条例》第二条

小贴士

“五险一金”是法定的职工社会保障制度，是用人单位对劳动者承担的基本的法定责任。因为养老、失业、医疗三项保险和住房公积金由企业和劳动者共同承担，所以有时候又说“三险一金”，其实和“五险一金”是一回事。如果企业不依法为劳动者办理社会保险、公积金，劳动者可以向劳动部门申诉。

14. 什么叫基本养老保险？

基本养老保险也称国家基本养老保险，它是按国家统一政策规定强制实施的为保障广大离退休人员基本生活需要的一种养老保险制度。基本养老保险与失业保险、基本医疗保险、工伤保险、生育保险等共同构成现代社会保险制度，是社会保险制度中最重要的险种之一。

在基本养老保险制度下，用人单位与劳动者必须依法缴纳养老保险费，劳动者达到国家退休年龄或由其他原因而退出劳动岗位后，社会保险经办机构依法向其支付养老金等待遇，从而保障其基本生活。

→法条链接

《社会保险法》

《事业单位养老保险制度改革方案》

《国务院关于深化企业职工养老保险制度改革的通知》

小贴士

基本养老保险费是由企业和被保险人按照不同缴费比例共同缴纳。以北京市养老保险缴费比例来说，企业每月要按照缴费总基数的 20% 缴纳，职工则按照本人工资的 8% 缴纳。

15. 什么是补充养老保险？

补充养老保险是指企业在满足社会统筹的基本养老保险基础上，为补充基本养老保险的不足，企业帮助职工建立由用工单位和职工共同出资，以资金积累和运作增值从而提高出资单位职工的养老待遇为主要特征的另一种养老保险形式。

补充养老保险属于商业保险中团体寿险的一种，是我国社会养老保障体系三层次中核心部分。多年来，国家通过多途径提倡、鼓励企业建立三层次养老保险体系，即：基本养老保险、补充养老保险和个人储蓄性养老保险，以充分发挥商业保险公司在我国多层次社会保险体系中的作用。

→政策链接

《劳动部关于印发〈关于建立企业补充养老保险制度的意见〉的通知》

《国务院关于深化企业职工养老保险制度改革的通知》

小贴士

我国目前实行的城镇企业职工基本养老保险制度，是一个以向城镇企业退休人员提供基本生活保障为目的的制度。这个制度设计的基本养老金目标替代率为 60% 左右。

16. 什么是企业年金？

企业年金即企业补充养老保险的主要形式，是企业自主、政府监管，通过筹集企业资金，设立个人账户办法，对员工支付第二养老待遇的社会制度。它是我国多层次养老保险体系的重要组成部分.

→法条链接

《企业年金试行办法》

《国务院国有资产监督管理委员会关于中央企业试行企业年金制度的指导意见》

小贴士

企业是否建立企业年金，决定权不在于职工。但职工可通过职工（代表）大会、工会或者其他民主方式反映意愿。一般来说，只有企业具备一定的经济实力和规模，才有可能建立企业年金。

17. 什么是个人储蓄性养老保险？

职工个人储蓄性养老保险是我国多层次养老保险体系的一个组成部分，是由职工自愿参加、自愿选择经办机构的一种补充保险形式。由社会保险机构经办的职工个人储蓄性养老保险，由社会保险主管部门制定具体办法，职工个人根据自己的工资收入情况，按规定缴纳个人储蓄性养老保险费，记入当地社会保险机构在有关银行开设的养老保险个人账户，并应按不低于或高于同期城乡居民储蓄存款利率计息，以提倡和鼓励职工个人参加储蓄性养老保险，所得利息计入个人账户，本息一并归职工个人所有。职工达到法定退休年龄经批准退休后，个人储蓄性养老保险金一次性支付或分次支付给本人。

→政策链接

《国务院关于完善企业职工基本养老保险制度的决定》

小贴士

在许多国家，以个人为主体责任的个人储蓄性养老保险一直发挥着很重要的作用。新加坡是个人储蓄性养老保险的典型代表国家，它实行的是以个人账户为基础，政府强制雇主和雇员共同供款、实行公共管理的个人储蓄制度，在社会保障体系中主要强调个人的责任。

18. 什么是个人账户养老金？

个人账户养老金是指社会保险经办机构为参加基本养老保险的职工所设立并终身不变的个人账户。个人账户记载的内容包括三个部分：（1）当年缴费本金；（2）当年本金生成的利息；（3）历年累计储存额生成的利息。职工到法定年龄办理退休时，将用其个人账户全部储存额除以 120 即是该职工退休当月的个人账户养老金。

→政策链接

《国务院关于建立统一的企业职工基本养老保险制度的决定》

《城镇企业职工基本养老保险关系转移接续暂行办法》

小贴士

个人账户养老金是社会统筹与个人账户相结合改革模式中的基本养老金的重要组成部分。个人账户养老金与基础养老金、过渡性养老金一起，共同构成退休人员的基本养老金。其从退休第二年开始，作为调整基本养老金的基数。

19. 什么是养老保险“待遇差”？

我国建立养老保险制度时，最初只涉及了企业职工的养老保险，并未将机关事业单位包含在内，由此形成了养老保险的“双轨制”。养老保险“待遇差”就是养老保险“双轨制”的体现。它指的是按企业基本养老金计发办法和企业基本养老保险统筹项目计算出的待遇，低于按原事业单位基本养老金计发办法和所在地区事业单位统筹项目计算待遇的差额部分，简称“待遇差”。

→法条链接

《社会保险法》第十二条

《事业单位养老保险制度改革方案》第二条

小贴士

“待遇差”产生的原因是目前机关、事业和企业退休职工形成的退休制度不同，企事业单位的人员结构不同，导致养老金计算口径不一致，计发办法、调整办法和机制、资金渠道等不同。2013 年《关于深化收入分配制度改革的若干意见》出台后，社会保障部门正在着力推进机关事业单位养老保险制度改革，解决“双轨制”、“待遇差”问题。

20. 什么是养老金替代率？

养老金替代率，是指职工退休时的养老金领取水平与退休前工资收入水平之间的比率，即，养老金替代率 = 退休金/退休前工资

养老金替代率是衡量职工退休生活保障水平的关键性指标。养老金替代率过高无疑会加大社会养老保险金支付的压力，降低养老金抵抗风险的能力。当替代率高于百分之百时，还会诱发提前退休的“低潮”效应。即：提前退休受到普遍的响应和认可。但如果替代率过低，退休人员的生活质量将受到极大的影响。按国际通行的惯例，如果个人养老金替代率能控制在 60% ~80%，则退休人员生活水平还不至于下降。但当养老金替代率低于 50% 的时候，退休人员的生活就会比较困难。

→政策链接

《国务院关于完善企业职工基本养老保险制度的决定》

小贴士

我国现行的是部分累积式养老保险模式，养老金由基础养老金和个人账户养老金组成。从我国家庭成员数和结构以及养老保险提供最基本保障与最低生活保障线之间的关系来分析，我国目前养老金替代率在55%左右比较适合。

21. 什么是“三条保障线”？

“三条保障线”是国家为保障企业改制顺利进行专门出台的三项职工社会保障制度的总称，指的是下岗职工基本生活保障、失业保险制度和城镇居民最低生活保障制度。“三条保障线”是国家为保障国企改制顺利进行出台的配套制度，在保障下岗职工基本生活等方面有重要作用。

→政策链接

《国务院办公厅关于进一步做好国有企业下岗职工基本生活保障和企业离退休人员养老金发放工作有关问题的通知》

《劳动和社会保障部等部门关于做好国有企业下岗职工基本生活保障失业保险和城市居民最低生活保障制度衔接工作的通知》

小贴士

再就业服务中心保障下岗职工基本生活的期限是3年。如果3年后仍未就业的，可以按规定领取失业保障金，最长时间为2年。如果2年后仍未就业的，还可以按规定享受城市居民最低生活保障待遇。国家制定“三条保障线”的目的是保障下岗职工和失业人员的基本生活。同时，下岗职工在企业再就业服务中心期间，下岗职工应享受本企业在住房、子女上学等方面的福利待遇。

二、企业改制中职工该如何安置

22. 企业改制和公司改制是一回事吗?

企业改制是在国家政策指导下，通过国有资本退出、重组等形式改变公司资本构成、改变企业职工身份的过程。公司改制是指按照《公司法》有关规定，将有限责任公司变更为股份有限公司或将股份有限公司变更为有限责任公司，是股东出资方式和责任承担方式的变更，一般不改变公司的资本构成，也不涉及职工安置。

→法条链接

《公司法》第十八条

小贴士

企业改制是将传统的国有企业转变为以股份制公司为主的制度创新，是国家企业管理模式的重大改革，是一种国家行为。公司改制是单纯对公司治理模式进行的改革，是一种公司依法进行的自我治理。

23. 企业裁员需要经过哪些程序?

企业裁员直接关系到职工的切身利益。为保障职工利益，国家对企业裁员规定了较为完备的程序。如果企业裁员在20人以上或不足20人但占企业职工总人数10%以上的，应当提前30日向工会或者全体职工说明情况，在听取工会或职工意见后，裁员方案向劳动行政部门报告后，可以裁员。

→法条链接

《劳动法》第四十一条

《劳动合同法》第四十一条

小贴士

如果用人单位没有提前30天通知劳动者就单方面解除劳动关系，根据相关法律规定需要向劳动者多赔偿一个月的工资，也就是通常所说的“双倍赔偿”。实践中劳动者要注意保存好解除劳动关系通知书等相关证据，便于自己维权时举证。

24. 改制企业职工身份换置怎么进行？

所谓职工身份置换就是按照相关法规政策规定，通过给予职工一定的经济补偿，将传统的国企职工“铁饭碗”变成劳动合同关系，打破职工对企业的依赖，职工不再吃企业的“大锅饭”，实现由“企业人”向“社会人”的转变。

职工身份置换是改制企业职工安置方案的主要内容。职工安置方案必须经职工代表大会或职工大会审议通过后方可实施。职工安置方案必须及时向广大职工公布，其内容通常包括：企业的人员状况及分流安置意见；职工劳动合同的变更、解除及重新签订办法；解除劳动合同职工的经济补偿金支付办法；社会保险关系接续；拖欠职工的工资等债务和企业欠缴的社会保险费处理办法等。

→政策链接

《国务院办公厅转发国资委关于进一步规范国有企业改制工作实施意见的通知》

小贴士

改制方案必须提交企业职工代表大会或职工大会审议，并按照有关规定和程序及时向广大职工公布。应当向广大职工讲清楚国家关于国有企业改革的方针政策和改制的规定，讲清楚改制的必要性、紧迫性以及企业的发展思路。在改制方案制定过程中要充分听取职工意见，深入细致地做好思想工作，争取广大职工对改制的理解和支持。

25. 改制企业职工安置都有哪些途径?

改制企业职工安置主要有以下几种：(1) 对于企业在职人员，置换身份后与职工签订不少于3年的劳动合同，如果职工本人不愿意在改制后新企业继续工作，企业可以支付经济补偿金后使其走向社会。(2) 对于退休人员，企业为其缴纳一定社保费用后一次性移交。(3) 对于内退人员，改制费用中预留生活费等相关费用，到达退休年龄后办理退休。(4) 对工伤、长病和“三期”(孕期、产期、哺乳期) 女工等特殊人员为其安排适当岗位，对部分或完全丧失劳动能力的人员要按相关规定预留费用进行妥善安置。(5) 对于离休人员，上交主管单位管理或预留有关费用后由改制后新公司管理。

→政策链接

《国家经济贸易委员会等部门关于国有大中型企业主辅分离辅业改制分流安置富余人员的实施办法》

《国务院办公厅关于规范国有企业改制工作的意见》

小贴士

职工安置是国企改制中最重要、最复杂的事情。在国企改制中职工安置方案是要经过职代会或是职工代表大会75%以上表决通过的，这是国家对于国企职工的保护。国家提出企业改制要保障国家、集体和职工个人三者的利益，职工是改制过程中重点保护的对象。

26. 改制企业可以将所欠职工债务转换为股权吗？

如果改制企业无力偿还所欠职工工资、集资款时可以将职工工资、集资款转为改制后新企业的股份，从而把职工对企业享有的债权转换为股权，职工成为企业的股东，可以根据持股分得红利。职工持股不影响企业的资产总量。

→法条链接

《合同法》第九十一条

《公司法》第二十八条、第一百二十六条

小贴士

值得注意的是，职工持股要谨防企业逃债。如果改制企业为了逃避债务，将职工工资、集资转为在新设企业中的股权，然后用部分资产抵用，投入到新企业去，借企业改制，剥离资产，逃避债务，就侵犯了职工的利益。工资、集资转股权后，职工对企业原享有的债权即转为股权，职工与企业的利益绑在一起。当企业经营不善，职工股权只能分得很少红利，职工资产大幅度缩水，甚至一无所得。

27. 我国对职工持股是怎么规定的？

职工持股，就是企业职工通过贷款、现金支付等方式购买本企业的股票，并按所持股份分享企业利润，参与企业治理。在我国企业职工持股可分为：定向募集公司中的内部职工股、非上市公司中的内部职工股、上市公司中的内部职工股和股份合作制中的内部职工持股。

从现有法律政策来看，职工持股主要有以下几种形式：（1）主辅分离、辅业改制中职工持股；（2）高新技术企业、科研院所型企业的科技骨干、管理骨干持股；（3）外贸企业业务骨干、管理骨干持股；（4）中小企业全员持股等。对于职工个人通过职工持股会取得的分红收益按照20%的税率征收个人所得税。

→法条链接

《公司法》第九十一条

《国家经济贸易委员会等部门关于国有大中型企业主辅分离辅业改制分流安置富余人员的实施办法》

《发展改革委、财政部、人力资源社会保障部关于深化收入分配制度改革的若干意见》

小贴士

我国职工持股制度最早产生于20世纪80年代，企业改制初期的股份制，目的是为了增强企业凝聚力，最早的股份制立法是1986年国务院《关于深化企业改革增强企业活力》，此后，一些法律、法规中提出职工持股。企业改制中职工持股是一个较为普遍的现象。

28. 国有企业资产转让怎么进行？

国有资产转让是企业改制中常见的资产处置方式。同时，由于法律法规不健全、监管不到位等原因，在企业国有资产转让中也往往伴随着国有资产流失现象。

按照相关规定，国有产权的转让方式主要有拍卖、收购、兼并、投资参股、债权转股权等方式。同时，按照《破产法》规定，破产企业国有股权可由受理破产案件的法院委托拍卖机构进行拍卖。

→法条链接

《证券法》第九十四条

《破产法》第一百一十一条

《企业国有产权转让管理暂行办法》第五条

小贴士

有的企业负责人通过虚假资产评估，虚构虚增成本等方式转移企业资产；有的甚至通过内外勾结、违规审批等方式隐匿、转移、侵占国有资产，既损害了国家利益又损害了职工利益。

29. 经济补偿金可以用什么方式支付？

在实践中，经济补偿金通常有以下形式的支付方式。（1）现金支付。即在企业改制中，以现金的方式支付给职工解除劳动合同的经济补偿金。（2）股权支付。即在企业改制中，将对量化到每个职工的经济补偿金转化成职工对改制后企业持有的股权。（3）债权支付。即在企业改制中，将对职工的经济补偿金转为改制企业的负债。

→法条链接

《劳动法》第五十条

《劳动合同法》第五十条

小贴士

以上支付方式各有利弊。现金支付是最直接的补偿方式，但往往会占用企业大量资金，对于资金不充裕的企业来说，采用这种形式会给企业运营带来较大资金风险；股权支付的直接后果是大量的职工持股，从长远来看，职工与企业产生更为长久和密切的联系，职工以股东身份承担改制后企业的利润和亏损风险，对于一些效益不好、经营前景不乐观的企业，经济补偿金转股存在血本无归的隐患；债权支付是由改制后的企业来承担对职工的职务，职工经济补偿金的实现带来不确定性。

30. 劳动合同中写明保留社保关系、停薪留职、离岗挂编的职工能参加改制吗？

这部分职工有一个共同点就是仍然与企业存在劳动关系，当然应当参加企业改制。企业在实施改制时应当通知其限期返回单位，协商处理劳动关系。协商一致的比照企业其他职工处理其劳动关系；协商不一致的可以解除劳动关系，支付经济补偿金。若在通知发出后逾期不归的，按自动离职处理，解除劳动关系，可不支付经济补偿金。对于企业改制前自谋职业但保留劳动关系的，可协商解除劳动合同关系并给予经济补偿金。

→政策链接

《国务院办公厅转发国资委关于进一步规范国有企业改制工作实施意见的通知》

《国家经济贸易委员会等部门关于国有大中型企业主辅分离辅业改制分流安置富余人员的实施办法》

小贴士

这几类职工被解除劳动关系的，应按照每满1年支付1个月的补偿金，该笔补偿金是按照企业所在地企业职工月平均工资标准发放，停薪留职职工欠缴的各项社会保险费用等从补偿金中扣除。经劳动部门批准，可将社会保险关系转移至具有代理社会保险职能职业介绍机构。

31. 未签订书面劳动合同的职工能否参加改制?

无论是否存在书面劳动合同，职工只要能证明与企业之间有劳动关系就能够参加企业改制。在企业改制过程中，由于种种原因可能会存在职工并没有书面劳动合同的现象，但并不能因为没有劳动合同就忽略这部分职工的合法权益。

→法条链接

《劳动法》第十条

《劳动和社会保障部关于确立劳动关系有关事项的通知》

小贴士

未与改制企业签订书面劳动合同的劳动者，如果同时具备以下情况就能认定存在劳动关系：用人单位和劳动者符合法律、法规规定的主体资格；用人单位依法制定的各项劳动规章制度适用于劳动者，劳动者受用人单位的劳动管理，从事用人单位安排的有报酬的劳动；劳动者提供的劳动是用人单位业务的组成部分。符合以上条件，就能认定双方存在劳动关系，职工补签劳动合同后，可以参加改制，享受各项权益。

32. 改制企业职工主动辞职可以要求经济补偿吗？

如果因为用人单位的过错导致职工辞职的，职工可以要求用人单位依法补偿；如果用人单位没有过错，职工主动提出辞职的（职工提前30天书面形式通知用人单位，在试用期内提前3天通知用人单位），则无权要求用人单位补偿。

→法条链接

《劳动法》第四十六条

《劳动合同法》第四十六条

小贴士

如果用人单位出现下列行为，劳动者可以书面通知方式解除劳动合同，并获得相应补偿。（1）未按照劳动合同约定提供劳动保护或者劳动条件的；（2）未及时足额支付劳动报酬的；（3）未依法为劳动者缴纳社会保险费的；（4）用人单位的规章制度违反法律、法规的规定，损害劳动者权益的；（5）以欺诈、胁迫的手段等订立、变更劳动合同致使劳动合同无效的。

如果用人单位以暴力、威胁或者非法限制人身自由的手段强迫劳动者劳动的，或者用人单位违章指挥、强令冒险作业危及劳动者人身安全的，劳动者可以立即解除劳动合同，不需事先告知用人单位。

33. 已经与企业解除劳动合同的职工能否参与改制？

企业改制分流时，已经与原主体企业解除劳动合同的职工，与原企业的劳动关系已经不存在，无法以企业职工身份参加原企业的改制。

→法条链接

《劳动法》

《劳动合同法》第三条

小贴士

这里需要明确一点，下岗职工与企业仍然存在劳动关系，已经下岗进入再就业中心的职工以及出中心尚未解除劳动关系的下岗职工，可以参加改制；如果下岗职工不参加改制，可以由原主体企业按照国家和地方下岗职工管理办法继续管理。对协议未到期的，由原主体企业继续履行协议。

34. 改制过程中职工劳动合同到期怎么办?

企业改制过程中劳动合同到期的职工，企业可以续签劳动合同或进入辅业企业重新签订劳动合同。主体企业不再续签劳动合同的，应当办理终止劳动合同手续，并依法支付相应的经济补偿。对于合同期限届满后符合退休条件的，可以办理退休手续，领取养老金；不符合退休条件的，企业应当协助职工办理失业登记，领取失业救济金。

→法条链接

《劳动法》第四条

《劳动合同法》第三条、第四十七条

《社会保险法》第十六条、第四十五条

小贴士

企业职工要转变“铁饭碗”观念，企业改制的目的是更好地参与市场竞争，职工与企业之间将成为一种契约关系，双方可以自由协商订立或解除劳动关系。职工只有提高工作效率，充分地发挥工作积极性和创造性，才能在竞争中处于有利地位，否则将会被市场竞争机制所淘汰。

35. 企业改制中原主体企业是否有权与职工解除劳动合同?

企业改制导致劳动合同订立时所依据的客观情况发生重大变化，企业应当先与职工协商变更劳动合同，协商达不成一致时，主体企业可以依法解除劳动合同，但需要向职工支付经济补偿金。

→政策链接

《劳动法》第二十七条

《劳动合同法》第四十七条

《劳动部关于企业实施股份制和股份合作制改革中履行劳动合同问题的通知》

小贴士

根据《劳动法》等相关规定，企业改制属于劳动关系用人单位一方客观情况发生重大变化，如果原劳动合同无法履行，当事人应协商变更劳动合同，协商达不成协议的，用人单位可以解除劳动合同，但是应当提前30日以书面形式通知劳动者本人，并支付经济补偿金。

36. 与企业签订专项待岗协议的职工可以变更劳动关系吗?

企业有权根据自身经营的需要与职工变更劳动关系。目前，国家法律、法规没有对解除待岗协议作出统一规定，可以按照地方规定执行。一般来讲，改制企业与职工解除劳动合同关系或待岗专项协议的，职工待岗前在改制企业实际工作每满1年以改制时企业前12个月的月平均工资为标准进行补偿，待岗后每满1年按照企业所在地最低月工资标准进行补偿。

→法条链接

《劳动部关于贯彻执行〈中华人民共和国劳动法〉若干问题的意见》

《天津市劳动和社会保障局关于理顺和规范改制企业与劳动者劳动关系的意见》第三条

小贴士

解除劳动关系的职工，经劳动保障部门批准后，可将社会保险关系转移至社会保险职能的职业介绍机构，并且原单位应当给予经济补偿。在本单位实际工作每满 1 年发给 1 个月不低于本地最低工资标准的补偿金；解除劳动关系并将社会保险关系转移至新的改制企业的，原单位发给 1 个月相当于当地职工月平均工资标准的补偿金。

37. 改制企业与职工解除劳动关系需要办哪些手续?

（1）改制企业应当在一段规定的时间内为职工集中办理解除劳动合同关系事宜。（2）改制企业在与职工办理解除劳动合同关系相关手续的同时，将一次性向职工付清应当支付的经济补偿金及其他各项应当清偿的债务，职工拖欠改制企业的债务将相应扣除。（3）改制企业将单方面解除劳动合同，停缴各种社会保险及公积金，并将职工的档案等资料交给职工本人户籍所在的区、县劳动行政部门保管。

→法条链接

《天津市实施劳动合同制度规定》第二十九条

《天津市劳动和社会保障局关于规范劳动就业管理有关问题的通知》第二条

小贴士

各地在解除劳动关系手续办理方面规定略有不同。比如，天津市规定，改制企业与职工终止、解除劳动关系应当在30日内到就业主管部门办理相关手续。改制企业与30名以下职工终止、解除劳动关系，应当持相关材料到企业辖区劳动力管理部门办理备案、退工手续，填报《解除终止劳动合同退工名册》。改制企业与30名以上200人以下职工终止、解除劳动关系，应当持相关材料到就业主管部门进行报告。就业主管部门15日内未提出异议的，开具退工通知书。职工人数在200名以上的，报经政府部门同意后，开具退工通知书。改制企业持退工通知书及相关材料到企业辖区劳动力管理部门办理退工手续，填报《解除终止劳动合同退工名册》。

38. 企业要与职工解除劳动关系该如何告知职工？

按照我国《劳动法》相关规定，企业与职工解除劳动关系的应当提前30日以书面形式通知劳动者本人，不得采用口头或其他方式。如果企业没有依法通知职工本人则属违法，职工对其解除劳动关系的行为可以不认可，或者要求企业依法赔偿。

→法条链接

《劳动法》第二十六条

《劳动合同法》第四十条

《劳动部办公厅关于通过新闻媒介通知职工回单位并对逾期不归者按自动离职或旷工处理问题的复函》

小贴士

需要注意的是，解除劳动关系通知书必须以书面形式直接送达职工本人，不能仅仅“一送了之”。如果本人不在的，交其同住成年亲属签收。直接送达有困难的可以邮寄送达，以挂号查询回执上注明的收件日期为送达日期。只有在受送达职工下落不明，或者用上述送达方式无法送达的情况下，方可公告送达，即张贴公告或通过新闻媒介通知。自发出公告之日起，经过30日，即视为送达。能用直接送达或邮寄送达而未用，直接采取公告方式送达，视为无效。

39. 解除劳动关系经济补偿金计算标准是什么？

经济补偿金的计算标准是指企业正常生产情况下劳动者解除劳动合同前12个月的月平均工资。其中，职工月平均工资低于企业月平均工资的，按企业月平均工资计发；职工月平均工资超过企业月平均工资3倍以上的，按不高于企业月平均工资的3倍标准计发。

根据劳动者在本单位工作年限，每满1年发给相当于1个月工资的经济补偿金，工作时间不满1年的按1年的标准发给经济补偿金。对从其他国有单位（包括国家机关、事业单位和国有企业）调入本单位的职工，其在国有单位的工龄可计入本单位工作年限。

→法条链接

《劳动法》第二十八条

《劳动合同法》第四十七条

《违反和解除劳动合同的经济补偿办法》第五条

小贴士

例如，2014年8月，公司与职工张某解除劳动合同，张某连续在公司工作8年，之前在某国家机关工作4年，公司月平均工资是3500元，张某此前12个月的平均工资是3485元，那么张某应得经济补偿金为：12年×3500元=42000元。

40. 企业改制过程中是否必须向职工支付经济补偿金？

企业应不应该向职工支付经济补偿金，关键要看是不是解除了劳动合同。如果企业改制时与职工解除了劳动合同且不再继续留用，应该支付经济补偿金。对于国有企业改制为国有控股企业的，原企业职工继续在改制后企业留用的，不需要支付经济补偿金。留用职工在改制前企业的工作年限应合并计算为在改制后企业的工作年限。

→政策链接

《国务院办公厅转发国资委关于进一步规范国有企业改制工作实施意见的通知》

小贴士

国家对企业主业改制过程中是否应该支付经济补偿金没有明确规定。实践中有多种做法。《国务院办公厅转发国资委关于进一步规范国有企业改制工作实施意见的通知》中只对经济补偿金支付做了原则规定：对于改制为国有控股企业的，改制后企业继续履行改制前企业与留用的职工签订的劳动合同；留用的职工在改制前企业的工作年限应合并计算为在改制后企业的工作年限；原企业不得向继续留用的职工支付经济补偿金。对于改制为非国有企业的，文件中要求按照有关法律、法规和政策处理好改制企业与职工的劳动关系。实践中，对于央属企业的主业改制职工继续留用或与改制后企业签订劳动合同的，没有明确规定是否要支付经济补偿金。有的地方政策规定，只要职工留用，无论改制为何种性质的企业都不需要支付经济补偿金，而有的则规定企业改制为非国有控股的，无论职工是否留用均要支付经济补偿金。

41. 改制企业外借到其他单位的职工能得到经济补偿吗?

职工外借到其他单位工作并不影响职工与企业之间的劳动关系。改制过程中，企业有权根据自身情况与这部分职工协商保留或解除劳动合同。如果企业与其解除劳动合同，就按照法律规定，支付经济补偿金。如果劳动关系保留，则不会影响职工各项福利待遇。

→法条链接

《劳动法》第二十八条

《劳动合同法》第四十七条

小贴士

为保证职工得到顺利安置，企业应在改制前清理不规范的劳动关系。对于“停薪留职”、“挂名”、“两不找”、“长期放假”、“长期离岗”、长期学习、长期外借等人员，一般由企业通知其限期返回单位，协商处理劳动关系。协商一致返回原企业工作的，变更原劳动合同；协商一致到改制为非国有控股企业工作的，解除原合同，在其自愿的基础上，可将经济补偿金折合为在改制企业的股份或债权；协商不一致的，解除劳动关系并支付经济补偿金。通知发出后逾期不归的，企业可以依据本单位规章制度解除劳动关系。

42. 与企业签订专项待岗协议的职工可以得到经济补偿吗?

企业有权根据自身改制的实际需要，与签订专项待岗协议的职工协商保留或解除劳动合同关系。若企业欲与这部分职工解除劳动关系以及相关的待岗专项协议，职工待岗前在改制企业实际工作每满 1 年按照改制时企业前 12 个月的月平均工资为标准进行补偿，待岗后每满 1 年按照企业所在地最低月工资标准进行补偿。

→政策链接

《劳动部关于贯彻执行〈中华人民共和国劳动法〉若干问题的意见》

《天津市劳动和社会保障局关于理顺和规范改制企业与劳动者劳动关系的意见》

小贴士

已签订专项待岗协议的职工解除劳动关系后需要办理相关社保关系转移手续。比如，天津市就规定，这部分职工解除劳动合同后，经劳动保障行政部门批准，可将社会保险关系转移至劳动保障行政部门批准的具有代理社会保险职能职业介绍机构，并且原单位应当给予经济补偿。

43. 在主办国有企业工作的厂办大集体职工如何安置？

根据国家法规政策，在主办国有企业工作10年以上、已经与主办国有企业形成事实劳动关系的厂办大集体在职集体职工，主办国有企业要与其进行协商，依法与其签订劳动合同，或按照厂办大集体在职集体职工的安置政策予以安置。

→法条链接

《劳动法》第二十条

《国务院办公厅关于在全国范围内开展厂办大集体改革工作的指导意见》

小贴士

厂办大集体是指哪些企业呢？比如，鞍山钢铁集团公司附属企业冶金车辆厂是鞍钢集团所属的中型冶金铁路车辆专业生产工厂，属于厂办大集体企业，其主要作用是向鞍钢提供配套产品或劳务服务。

44. 厂办大集体改革中的职工经济补偿金怎么测算？

厂办大集体改革中经济补偿金计算方法和主办职工相同。即，按劳动者工作年限，每满1年支付1个月工资的标准向职工支付。6个月以上不满1年的，按1年计算；不满6个月的，向劳动者支付半个月工资的经济补偿。劳动者月工资高于当地上年度职工月平均工资3倍的，向其支付经济补偿的标准按职工月平均工资3倍的数额支付，向其支付经济补偿的年限最高不超过12年。

→法条链接

《劳动合同法》第四十七条

《劳动合同法实施条例》第二十七条

《国务院办公厅关于在全国范围内开展厂办大集体改革工作的指导意见》

小贴士

根据相关政策，厂办大集体可用净资产支付解除在职集体职工劳动关系的经济补偿金。净资产如有剩余，剩余部分作为主办国有企业持有改制企业的股权，也可向改制企业的员工或外部投资者转让，转让收益归主办国有企业所有。如果净资产不足以支付解除在职集体职工劳动关系经济补偿金的，差额部分所需资金由主办国有企业、地方财政和中央财政共同承担。因此，厂办大集体职工经济补偿金支付是有充足保障的。

45. 厂办大集体在职职工能办理内退吗？

厂办大集体职工距法定退休年龄不足 5 年（含 5 年）或工龄已满 30 年、再就业有困难的，可实行企业内部退养，发放基本生活费，并按规定由企业继续为其缴纳社会保险费，达到退休年龄时正式办理退休手续。

对改制为非国有法人控股企业的，改制后是否继续办理内部退养，由改制企业自主确定。已办理内部退养的职工，按照相关规定，应当由原主体企业继续履行双方签订的内部退养协议。企业改制时，经与企业协商一致，已办理内部退养的职工也可以参加改制。

→政策链接

《劳动和社会保障部等部门关于印发国有大中型企业主辅分离辅业改制分流安置富余人员的劳动关系处理办法的通知》

《国务院办公厅关于在全国范围内开展厂办大集体改革工作的指导意见》

小贴士

很多厂办大集体因为效益不好，存在欠缴职工社会保险费用的情况。这种情况应当由企业和个人按照各自分担比例补齐。企业欠缴部分可分期补缴，但企业缴费划入职工个人账户部分和职工个人缴费部分应一次性补齐。如果企业关闭、破产，无法通过资产变现补缴的基本养老保险欠费，除企业缴费中应划入职工养老保险个人账户部分外，可按有关规定报经政府部门批准后核销。

46. 再就业困难的厂办大集体职工如何安置?

对再就业有困难且接近内部退养年龄的厂办大集体在职集体职工，在解除劳动关系时，经企业与职工协商一致，可以签订社会保险缴费协议，由企业为职工缴纳基本养老保险费和职工基本医疗保险费，代替支付经济补偿金或生活补助费。缴费方式、缴费期限及具体人员范围等由当地人民政府确定。

→政策链接

《国务院办公厅关于在全国范围内开展厂办大集体改革工作的指导意见》

《国务院关于进一步加强就业再就业工作的通知》

小贴士

在就业、创业方面，国家对于厂办大集体企业下岗职工出台过一系列优惠政策，比如发放《再就业优惠证》，给予小额担保贷款贴息，企业吸纳其就业减免税费并给予社会保险补贴，对再就业困难者实施就业援助政策等。

三、改制企业职工应了解的社会保障政策

47. 企业下岗职工的生活费谁来给？

为保障下岗职工基本生活，国家规定，职工在下岗待工期间，由企业依据当地政府有关规定支付其生活费，下岗待工人员中重新就业的，企业应停发其生活费。女职工因生育、哺乳请长假而下岗的，在其享受法定产假期间，依法领取生育津贴；没有参加生育保险的企业，由企业照发原工资。

1995 年劳动部发布的《关于贯彻执行〈中华人民共和国劳动法〉若干问题的意见》中规定，“企业下岗待工人员，由企业根据当地政府的有关规定支付其生活费，生活费可以低于最低工资标准，下岗待工人员中重新就业的，企业应停发其生活费。”

→政策链接

《劳动和社会保障部等部门关于印发国有大中型企业主辅分离辅业改制分流安置富余人员的劳动关系处理办法的通知》

《国务院办公厅转发国资委关于进一步规范国有企业改制工作实施意见的通知》

小贴士

注意生活费与当地最低工资标准的关系：企业的下岗待工人员虽然与用人单位建立了劳动关系，但由于其不在工作岗位，未能履行正常的劳动义务，所以不受最低工资的保护。

48. 企业改制分流时内退职工的工龄该如何计算?

职工距退休年龄不到5年的，经本人申请，企业批准，可以退出工作岗位休养。职工退出工作岗位休养期间达到国家规定的退休年龄时，按照规定办理退休手续。职工退出工作岗位休养期间视为工龄，与其以前的工龄合并计算。

→政策链接

《劳动和社会保障部等部门关于印发国有大中型企业主辅分离辅业改制分流安置富余人员的劳动关系处理办法的通知》

小贴士

如果职工已在改制前与企业签订了内部退岗（养）专项协议，不得与职工解除劳动关系，由改制后的企业继续履行原专项协议，并按月发放生活费。同时，还要为职工缴纳社会保险费用。如企业改制时，职工距法定退休年龄5年以内，但未与企业签订相关的内部退岗（养）专项协议的，职工可以与改制企业协商一致实行内部退岗，并按月领取生活费，至达到法定退休年龄办理退休。

49. 内退职工的基本生活费、社会保险费由谁承担?

对于内退职工的待遇国家是有政策保障的。按照规定，改制企业根据所有实行内退职工所享受的内退待遇提取至退休年龄前的退岗生活费及应当由改制企业为其缴纳的社会保险费用（包括养老保险、失业保险、医疗保险），在改制企业的净资产中提留，专款专用。

→政策链接

《国务院国有资产监督管理委员会关于中央企业主辅分离辅业改制分流安置富余人员资产处置有关问题的通知》

小贴士

内退生活费和退休金是无法同时享受的。因为内退职工的基本生活费、社会保险费用是职工内退之后正式办理退休之前的生活保障制度。职工正式办理退休之后就按月领取养老金，自然不再享受内退生活费等各项待遇。

50. 内部退岗（养）职工生活费怎么计发？

为保障内退职工生活，国家规定内部退岗（养）条件的职工生活费在企业改制费用中预留，预留标准由企业根据有关规定确定，最高不超过按所在省（区、市）计算正常退休人员养老金的办法核定的数额。同时，内退职工生活费不得低于当地政府规定的最低工资标准。

→政策链接

《国务院国有资产监督管理委员会关于中央企业主辅分离辅业改制分流安置富余人员资产处置有关问题的通知》

小贴士

为保证内退人员所需费用按时、足额支付，国家规定企业改制时要将原主体企业解除劳动合同的情况（人数、支付经济补偿金的标准、总额及资金来源等）移交社保机构职工一次性社会保险费以及预留内部退养人员费用等报企业所在地省级劳动保障部门审核备案后，按有关规定支付和预留。

51. 企业改制前在职职工养老保险费用是不是要提前计提？

对改制企业，特别是拍卖、出售的企业，应在出售或拍卖财产收入中（因企业财产中有原职工的劳动积累）计提原企业应缴纳的养老保险费，即连续工龄的养老保险费。计提标准是按照该企业上一年人平均工资乘以全部职工连续工龄的年份再乘以当地政府规定的单位缴纳比例。

→政策链接

《国务院国有资产监督管理委员会关于中央企业主辅分离辅业改制分流安置富余人员资产处置有关问题的通知》

小贴士

职工的连续工龄是职工在企业或国家机关、事业单位连续从事符合工龄计算规定的工作时间，把过去的连续工龄与以后的缴费年限合并计算，享受养老保险待遇，体现了国家社保政策的连续性。众所周知，过去企业职工的连续工龄社保机构是没有收缴养老保险费的，如果在企业改制时不补提，那么这个历史包袱就要由社保机构承担，最终社保机构将出现收不抵支的养老基金危机，给社会稳定留下严重隐患。

52. 企业改制下岗、失业职工的社会保险关系能连续计算吗？

对于企业改制下岗、失业职工无论再就业还是不再就业，过去的在职连续工龄和养老保险缴费年限与以后的缴费年限都会合并计算，达到法定退休年龄时，按规定享受相应的养老保险待遇。原工作期间的社会保险关系，关系到职工享受养老保险待遇的年限问题，这是改制企业职工最关心的问题。根据国家政策规定，企业改制不会影响到职工的社会保险关系接续。

→法条链接

《国务院国有资产监督管理委员会关于中央企业主辅分离辅业改制分流安置富余人员资产处置有关问题的通知》

《社会保险费征缴暂行条例》第十三条

小贴士

根据国家规定，企业、个人未按规定缴纳社会保险费的，从欠缴之日起加收一定比例的滞纳金。加收滞纳金的标准为按日收2‰。为减轻企业和职工负担，对长期欠缴社会保险费用的情况各地出台了比较灵活的政策，比如，有的规定因企业改制、破产导致职工失业的从单位宣布破产或卖断之日起1年以后开始加收滞纳金等。

53. 如何防止改制企业拖欠职工社保费用？

为妥善解决改制企业拖欠社会保险费问题，防止改制企业长期拖欠职工社会保险费用，国家明确要求企业改制时，依法取得的土地使用权转让所得资金首先偿还拖欠职工的社会保险费用，职工按连续工龄计提的养老保险费，离休人员余命期养老金等，如果资金不足时再由改制企业财产处置所得中支付。

→政策链接

《国务院国有资产监督管理委员会关于中央企业主辅分离辅业改制分流安置富余人员资产处置有关问题的通知》

小贴士

拖欠职工社会保险费用是改制企业普遍存在的问题。一些地方在企业改制过程中甚至挖空心思甩掉拖欠的社会保险费包袱。有的甚至采取在改制前变更企业法人、经营方式等手法，对过去欠缴的社会保险费采取不认账，致使拖欠的社会保险费变成“空账”、“呆账”、“死账”，严重损害职工利益。

54. 改制企业职工的住房公积金可以转移吗？

住房公积金是国家为保证职工住房权益设立的保障制度。职工账户里的资金属于个人财产，是可以依照规定提取和转移的。企业发生兼并、重组、改制情形时，原企业应对职工住房公积金进行清理与移交。国家规定，欠缴职工住房公积金的，要在兼并、重组、改制中明确补偿或清偿主体和清偿办法。

→法条链接

《住房公积金管理条例》第二十四条、第二十五条

小贴士

企业发生兼并、重组、改制的，应当自发生上述情况之日起30日内由原单位到住房公积金管理中心办理变更登记或者注销登记，并自办妥变更登记或注销登记之日起20日内持住房公积金管理中心的审核文件，到受委托银行为本单位职工办理住房公积金账户转移或者封存手续。

55. 改制企业剥离和移交社会职能费用如何负担？

国有企业社会职能剥离主要有两条途径：一是将企业的社会职能移交社会；二是将社会职能社会化，通过改革、改制和改组，由非经营或非赢利变为经营性赢利组织。不论采取何种方式，企业的社会职能一定要剥离出去。

改制企业向社会保障机构移交退休人员所需费用主要是向社保机构一次性缴纳的医疗保险费、由企业为退休人员支付的统筹项目外养老金，以及未列入改制企业负债的欠缴职工社会保险费等。根据国家有关规定，退休人员移交社保机构费用由改制企业国有净资产来支付。根据各地政策不同有所区别，但移交时所涉及的费用主要是医疗保险费用，有的地方提出要追缴部分基本养老金，此外还包括缴纳一定数额的抚恤金、丧葬费和一次性的社区管理费。一般来讲，退休人员移交社保机构这部分费用可以争取到政府政策优惠，或者由政府提供财政支持。

→政策链接

《国务院国有资产监督管理委员会关于国有大中型企业主辅分离辅业改制分流安置富余人员的实施办法》

小贴士

过去国有企业承担了大量本应由政府承担的社会职能，如学校、医院、公安、消防、社区管理等，所以在国企改制过程中要把这些机构和职能逐步移交给地方政府，在移交过程中，企业还要承担过渡期间的部分费用，经过与当地政府协商谈判，最终以协议的方式确定双方所需承担的费用，按照协议确定的数额在国有净资产中进行预留。

56. 企业改制时患病或非因工负伤职工能享受什么待遇？

患病或非因工负伤在规定医疗期内的职工，与在职职工一样参加改制，并继续享有全额工资等各项福利待遇，企业不得解除劳动合同。职工医疗期满，企业可以根据职工劳动能力调整岗位，如不能从事原工作也不能从事另行安排的工作，企业可依法与其解除劳动合同并支付经济补偿金（用人单位须提前30日以书面形式通知职工并支付医疗补助费等）。劳动者患病或者非因工负伤，劳动合同期满终止的，改制企业应依法给予经济补偿金并支付医疗补助费。医疗补助费不低于6个月工资，患重病和绝症的还应增加医疗补助费，患重病的增加部分不低于医疗补助费的50%，患绝症的增加部分不低于医疗补助费的100%。

→法条链接

《劳动法》第四十条、第四十二条

《劳动合同法》第四十条、第四十二条

《劳动部关于实行劳动合同制度若干问题的通知》第二十二条

《劳动部关于印发〈违反和解除劳动合同的经济补偿办法〉的通知》

《企业职工患病或非因工负伤医疗期的规定》第三条

小贴士

企业职工患病或非因工负伤医疗期为3个月到24个月。实际工作年限10年以下：在本单位工作年限5年以下的为3个月；5年以上10年以下的为6个月。实际工作年限10年以上：在本单位工作年限5年以下的为6个月，5年以上10年以下的为9个月；10年以上15年以下为12个月；15年以上20年以下的为18个月；20年以上的为24个月。对于某些患特殊疾病（如癌症、精神病、瘫痪等）的职工，在24个月内尚不能痊愈的，经企业和当地劳动部门批准，可以适当延长医疗期。

例如，某公司职工王某在本单位工作6年，患癌症，其医疗期为6个月，医疗期满后如果不能从事原工作可以调整工作岗位，如调整后仍无法正常工作的，公司提前30天通知可以与其解除劳动合同，同时需要支付相当于6个月工资的经济补偿金和相当于12个月工资的医疗补助费。

57. 与改制后的企业保留劳动合同关系的工伤职工享受什么待遇？

对于工伤职工，按照相关规定，被鉴定为一级至四级伤残的职工，与企业保留劳动关系，退出工作岗位，享受工伤保险待遇，由工伤保险基金根据相关规定承担相应费用；被鉴定为五至十级伤残的职工，如在企业改制时提出与企业解除或终止劳动合同关系，可按相关规定一次性计发医疗和就业补助金，并支付经济补偿金。

→法条链接

《社会保险法》第三十八条、第三十九条

《工伤保险条例》第三十五条、第三十六条、第三十七条

小贴士

职工因工致残被鉴定为一级至四级伤残的，保留劳动关系，退出工作岗位，从工伤保险基金按伤残等级支付一次性伤残补助金，标准为：一级伤残为27个月的本人工资，二级伤残为25个月的本人工资，三级伤残为23个月的本人工资，四级伤残为21个月的本人工资。从工伤保险基金按月支付伤残津贴，标准为：一级伤残为本人工资的90%，二级伤残为本人工资的85%，三级伤残为本人工资的80%，四级伤残为

本人工资的75%。伤残津贴实际金额低于当地最低工资标准的，由工伤保险基金补足差额。工伤职工达到退休年龄并办理退休手续后，由工伤保险基金补足差额。职工因工致残被鉴定为一级至四级伤残的，由用人单位和职工个人以伤残津贴为基数，缴纳基本医疗保险费。

职工因工致残被鉴定为五级、六级伤残的：从工伤保险基金按伤残等级支付一次性伤残补助金，标准为：五级伤残为18个月的本人工资，六级伤残为16个月的本人工资；保留与用人单位的劳动关系，由用人单位安排适当工作。难以安排工作的，由用人单位按月发给伤残津贴，标准为：五级伤残为本人工资的70%，六级伤残为本人工资的60%，并由用人单位按照规定为其缴纳应缴纳的各项社会保险费。伤残津贴实际金额低于当地最低工资标准的，由用人单位补足差额。经工伤职工本人提出，该职工可以与用人单位解除或者终止劳动关系，由工伤保险基金支付一次性工伤医疗补助金，由用人单位支付一次性伤残就业补助金。一次性工伤医疗补助金和一次性伤残就业补助金的具体标准由省、自治区、直辖市人民政府规定。

职工因工致残被鉴定为七级至十级伤残的：从工伤保险基金按伤残等级支付一次性伤残补助金，标准为：七级伤残为13个月的本人工资，八级伤残为11个月的本人工资，九级伤残为9个月的本人工资，十级伤残为7个月的本人工资；劳动、聘用合同期满终止，或者职工本人提出解除劳动、聘用合同的，由工伤保险基金支付一次性工伤医疗补助金，由用人单位支付一次性伤残就业补助金。一次性工伤医疗补助金和一次性伤残就业补助金的具体标准由省、自治区、直辖市人民政府规定。

58. 因生育、哺乳期下岗的女职工有哪些待遇？

企业改制中女职工因生育、哺乳请长假而下岗的，在其享受法定产假期间依法领取生育津贴；没有参加生育保险的企业，由企业照发原岗位工资。产假结束后按照改制企业职工安置方案进行安置。

→法条链接

《劳动部关于贯彻执行〈中华人民共和国劳动法〉若干问题的意见》

《女职工劳动保护特别规定》第五条、第八条

小贴士

女职工生育或者流产的，其工资或者生育津贴以及生育、流产的医疗费用，所在单位已经参加生育保险的，由生育保险基金支付；未参加生育保险的，由用人单位支付。

59. 改制企业工伤、长病、“三期”女工等特殊人员安置费用谁来支付?

国家规定，工伤、长病、“三期”（孕期、产期、哺乳期）女工等特殊人员相关费用，在国企改制时要预留足够的费用对其进行妥善安置。企业改制时需要从净资产中计提或预留部分费用以保障他们的权益。

→政策链接

《国家经济贸易委员会等部门关于国有大中型企业主辅分离辅业改制分流安置富余人员的实施办法》

小贴士

按照目前国内的标准，工伤共分10个等级，一至四级由工伤保险基金支付相关费用，七至十级的人员基本可以在新公司安排工作，只有五六两级工伤人员需要预留相关费用，对其进行妥善安置。长病人员和“三期”女工按国家有关规定计提或预留相关费用。

60. 改制后企业不依法为职工参保怎么办？

根据我国劳动法律相关规定，用人单位没有给员工缴纳社会保险的，劳动者可以解除劳动合同，并要求用人单位支付经济补偿金。用人单位违法解除或者终止劳动合同的用人单位应向劳动者支付双倍的经济补偿金，即可以获得“双倍赔偿”。

→法条链接

《劳动法》第三十二条

《劳动合同法》第三十八条、第四十六条

小贴士

为防止权益遭受损害，职工平时要注意保存好与用人单位存在事实劳动关系的一些证据（比如上岗证、工装、工资条等），最好能够找到劳动者在用人单位开始工作的时间的证据，这有利于计算应缴纳保险的时间。此外，劳动争议案件需要经过仲裁程序才能向法院起诉，所以劳动者只能先向当地的仲裁委提起仲裁，不服仲裁裁决或者仲裁委不予受理后可以向法院诉讼，要求用人单位缴纳社会保险，并支付经济补偿金。

61. 没办理工伤保险的职工发生工伤后谁来赔偿？

职工如果有证明存在劳动关系的证据，要及时向当地劳动部门申报工伤认定和劳动能力鉴定。如果用人单位没有为职工办理工伤保险，工伤认定后，伤残津贴、医疗费等待遇全部由用人单位依法支付。

→法条链接

《社会保险法》第四十一条

《工伤保险条例》第四十三条

小贴士

职工发生事故伤害，所在单位应当自事故伤害发生之日起30日内，向统筹地区劳动保障行政部门提出工伤认定申请。用人单位没有提出工伤认定申请的，工伤职工或者其直系亲属、工会组织在事故伤害发生之日起1年内，可以直接向用人单位所在地统筹地区劳动保障行政部门提出工伤认定申请。职工超过1年没有提出工伤认定申请，则放弃自己的权利。工伤经治疗伤情相对稳定后存在残疾、影响劳动能力的，应当进行劳动能力鉴定，根据鉴定的伤残等级，享受相应的工伤待遇。

62. 职工工龄怎么计算？

职工工龄计算包括连续工龄和折算工龄。连续工龄是指职工参加工作，在一个单位或若干个单位工作，按规定前后可以合并计算的工作时间。折算工龄是指职工在特定工作场所和特定地区从事生产劳动的工作时间，按照规定的折算比率计算出的工龄。

计算连续工龄时应当将国家法定的工作日、节假日，6个月以内的病假，因工负伤和职业病检查、治疗、疗养期包括在内。如果有间断工作时间的，凡是间断前后的工龄按国家规定可以合并计算的，除间断期间不计算连续工龄外，间断前后的工龄按实际工作时间相加累计计算。

→法条链接

《劳动保险条例实施细则》第三十八条至第四十一条

小贴士

例如：某职工1958年9月参加工作，1962年8月精简下放，1970年8月又重新参加工作，到1991年12月的连续工龄是：4年+21年5个月=25年5个月。按照现行规定，职工从事井下，高温、低温，有毒有害等有害身体健康的工作，达到规定年限，且按特殊工种退休条件退休的，其1991年底前从事特殊工种的年限可以折算工龄。未按特殊工种退休的，其曾从事特殊工种的工作年限不再折算工龄。

63. 社保缴费年限如何计算？

缴费年限包括实际缴费年限和视同缴费年限。实际缴费年限是实行基本养老保险或退休费用社会统筹后，企业和职工个人足额缴费的职工工作时间。企业和职工个人未缴或未足额缴费的，在补缴应缴费及利息前，欠缴期间不予计算职工缴费年限。视同缴费年限是实行基本养老保险或退休费用社会统筹前，职工按照国家和省规定可以计算的连续工龄。

→法条链接

《劳动保险条例实施细则》第三十八条至第四十三条

小贴士

在实行职工个人缴费之前，职工在原单位按国家现行规定计算的连续工龄（工种折算工龄除外），可视同缴费年限；不能计算的连续工龄的工作年限，不能视同缴费年限。企业转制的原固定职工，符合国家规定计算的连续工龄，视作养老保险缴费年限。单位和职工在应缴费期间由于各种原因不缴或欠缴养老保险费的时间，不作为缴费年限；补缴后才能作为缴费年限。职工在中断缴费后又重新缴费的，其缴费年限（含视同缴费年限的连续工龄）前后合并计算。享受疾病救济费的病休职工，其个人缴纳基本养老保险费的时间，可与连续工龄合并计算为缴费年限。失业人员重新就业的，就业前后的缴费年限合并计算。职工被辞退后，原企业固定职工按国家规定计算的连续工龄视作缴费年限；如重新就业的，就业前后的缴费年限合并计算。

64. 外单位调入改制企业的职工工龄怎么计算？

按照相关法规政策，对从其他国家机关、事业单位和国有企业等国有单位调入本改制企业的职工，其在国有单位的工龄可计入本单位工龄。

→政策链接

《劳动和社会保障部等部门关于印发国有大中型企业主辅分离辅业改制分流安置富余人员的劳动关系处理办法的通知》

小贴士

劳动和社会保障部、财政部、国务院国有资产监督管理委员会《关于印发国有大中型企业主辅分离辅业改制分流安置富余人员的劳动关系处理办法的通知》（劳社部发〔2003〕23 号）第一条第（五）款规定“企业解除劳动合同计发经济补偿金，按照《违反和解除劳动合同的经济补偿办法》（劳部发〔1994〕481 号）的规定，根据劳动者在本单位工作年限，每满一年发给相当于一个月工资的经济补偿金，工作时间不满一年的按一年的标准发给经济补偿金。”

65. 国企改制中安置离退休人员所需费用如何保障？

对于国有企业主业改制中所涉及离退休人员费用在改制中如何处理，国家尚未出台全国性的文件。地方上有一些关于这方面的规定，如不能因企业改制而取消实际发生的离退休人员费用等。各地根据具体情况，一般是从国有净资产中预留和扣减，如不能在国有净资产中计提和预留，可以由参与改制的各方股东达成一致协议对此部分费用进行妥善处理。

→政策链接

《国家经济贸易委员会等部门关于国有大中型企业主辅分离辅业改制分流安置富余人员的实施办法》

《国务院办公厅转发国资委关于进一步规范国有企业改制工作实施意见的通知》

小贴士

在国企改制的相关文件中，没有针对离休人员的安置做出具体规定，主要原因是普通退休职工和离休人员由不同的部门进行管理，普通退休职工是由社会与劳动保障部门管理，离休人员是由各级党委组织部门管理，国企改制并没有正面涉及组织部门，所以对于离休人员的费用预留和安置办法规定的不是特别明确。在实践中，较为理想的解决办法是把离休人员移交给上级产权单位进行统一管理，如果不能移交上级产权单位，也需要在改制中预留合理的费用，并制定专门办法管理此项费用，确保专款专用。

66. 办理停薪留职的职工是否需要缴纳社保费用？

对于这部分职工，企业在实施改制时，应当由企业通知其限期返回单位，协商处理劳动关系。协商一致的，可比照企业其他职工处理其劳动关系；协商不一致的，可由原企业与其解除劳动关系，支付经济补偿金。因停薪留职期间本人没有工资，可依据解除合同时改制企业职工月平均工资计算，但不得低于当地最低工资标准，凡欠缴的各项社会保险费用以及其他费用，一律从补偿金中扣除。

→政策链接

《劳动部关于贯彻执行〈中华人民共和国劳动法〉若干问题的意见》

小贴士

停薪留职是20世纪80年代的产物，主要指企业富余的固定职工，保留其身份，离开单位，另谋职业。我国自1997年全面推行全员劳动合同制度以来，停薪留职早已失去存在的合理性，但相关部门对此没有明文规定，亦未明确废止有关停薪留职文件。原劳动部《关于贯彻执行〈中华人民共和国劳动法〉若干问题的意见》（劳部发〔1995〕309号）第9条规定："原固定工中经批准停薪留职人员，愿意回原单位继续工作的，原单位应与其签订劳动合同；不愿意回原单位继续工作的，原单位可以与其解除劳动关系。"

67. 职工在什么情况下可以享受失业保险待遇？

按照相关法律政策规定，职工出现下列情况可以享受失业保险待遇：（1）所在企业依法宣告破产；（2）职工在企业关闭或停产整顿期间被精减；（3）职工在企业优化劳动组合过程中被辞退；（4）职工被企业终止或解除劳动合同；（5）职工因企业歇业、转产被依法辞退；（6）职工被企业按照《企业奖惩条例》除名、开除等。

→法条链接

《社会保险法》第十四条

《失业保险条例》第四条

小贴士

职工享受失业保险待遇需要先办理失业登记。失业职工失业登记一般是通过原单位办理的。单位需出具单位缴纳失业金缴费证明、单位养老保险编号及个人养老保险证编号。失业登记处接受职工档案，开具失业人员参加集中教育的通知书，由单位负责转交失业人员。失业人员需持本人身份证，按照规定的时间参加集中教育，填写求职、培训意向并领取《失业证》。参加集中教育后，失业人员将《失业登记申请表》送所属街道办事处或劳动保障服务中心。领取职工失业保险金。

68. 领取失业保险金期间如何计算？

“领取失业保险金期间”是指从办理申领手续当天起至对应月份的前一天。例如，2 月 8 日申领 3 个月失业保险金，“领取失业保险金期间”就是 2 月 8 日至 5 月 7 日。重新就业且缴纳失业保险费满一年后又再次失业，应当将其剩余期限合并计算。

→法条链接

《失业保险条例》第十七条

小贴士

如果职工本人主动要求暂停领取失业保险金，或重新就业办理用工手续后，被自动暂停领取失业保险金，原来的领取期间按月份减少。例如，6 月 3 日申领 2 个月失业保险金，领取期间是 6 月 3 日至 8 月 2 日，7 月份（不论哪一天操作）暂停后，领取期间即修改为 6 月 3 日至 7 月 2 日。从 7 月 3 日起暂停享受失业保险待遇。失业人员未申领的失业保险金期限可予以保留，以后要求领取的，可再次申领。

69. 职工在领取失业保险金期间可以享受到哪些待遇？

职工在领取失业保险期间除了可以领取失业保险金外，还可以享受医疗补助金待遇。职工在失业期间死亡的还可以领取丧葬补助金和其供养的配偶、直系亲属的抚恤金；领取失业保险金期间接受职业培训、职业介绍的补贴，补贴的办法和标准由省、自治区、直辖市人民政府规定。

失业人员领取失业保险金的期限：根据失业人员失业前所在单位和其本人累计缴费时间长短的不同，可以划分为三个档次：（1）累计缴费时间满 1 年不足 5 年的，最长能够领取 12 个月的失业保险金；（2）累计缴费时间满 5 年不足 10 年的，最长能够领取 18 个月的失业保险金；（3）累计缴费时间 10 年以上的，最长能够领取 24 个月的失业保险金。

→法条链接

《失业保险条例》第十九条、第二十条

小贴士

例如，某公司职工刘华累计缴费 12 年，2003 年失业，领取失业保险金 1 年半后又重新就业，再次失业后他还可以领取 6 个月的失业保险金。

70. 哪些情形可导致职工失业保险待遇终止？

根据现行法规，职工在领取失业保险金期间出现下列情形，可停止领取失业保险金，并同时停止享受其他失业保险待遇：（1）重新就业的；（2）应征服兵役的；（3）移居境外的；（4）享受基本养老保险待遇的；（5）无正当理由，拒不接受当地人民政府指定部门或者机构介绍的适当工作或者提供培训的。

→法条链接

《社会保险法》第五十一条

小贴士

以上情况停止失业保险待遇的理由主要是：根据国际通行惯例，移居境外已经超出失业保险的地域管辖的范围，应该停止享受失业保险待遇。根据失业保险有关规定，失业人员达到退休年龄时，可以从享受失业保险过渡到享受养老保险，其基本生活由养老保险予以保障，不再享受失业保险待遇。对于被判刑收监执行或者被劳动教养的，不存在保障基本生活问题，应停止其享受失业保险待遇，但对于判处缓刑或者其他行政处罚的，应当继续支付失业保险待遇。如果失业人员无正当理由拒绝接受职介机构介绍的工作，应停止发放失业保险金。如果失业职工认为失业保险经办机构违反规定停止了自己的失业保险待遇，有权向劳动保障行政部门申请行政复议；对复议决定不服的，可以依照《行政复议法》相关规定向人民法院起诉。

71. 再次失业会影响失业保险缴费年限和失业保险领取期吗？

失业职工重新就业后再次失业的，失业保险缴费年限将重新计算，领取失业保险金的期限与前次失业应当领取而尚未领取的失业保险金的期限合并计算，但最长不超过24个月。

这一规定有两层意思：一是失业职工如果重新就业后再次失业的，失业保险的缴费年限将重新计算。也就是说，不管之前累计缴费年限计算出的领取失业保险期限是否已经全部使用，之前的缴费年限均不再累计计算，而是根据重新就业后的缴费时间重新计算。二是对前次失业应当领取而尚未领取的失业保险金的期限所对应的权益予以保留，可以与再次失业时累计缴费年限计算出来的领取失业保险金期限合并计算。

→法条链接

《社会保险法》第四十六条、第五十一条

小贴士

例如，某公司职工杨波2003年5月失业时缴费年限是10年，其领取12个月的失业保险金后2004年5月重新就业，其缴费年限将从2004年5月重新计算，但他还可以领取12个月的失业保险金。

72. 失业人员社保关系如何接续？

失业人员的社会保险关系是按照如下程序接续的：（1）失业人员离开企业时，其过去的社会保险缴费年限和个人账户继续保留，企业和个人欠缴的社会保险费要一次性补缴；（2）失业人员由企业招用实现就业的，应该由新用人单位和职工个人按规定继续缴纳社会保险费用；（3）自谋职业和灵活就业的可按个体工商户参保办法参加养老保险；（4）继续参加养老保险并按规定缴费的，其前后缴费年限合并计算；（5）未继续参加养老保险中断缴费的，在达到退休年龄后按实际的缴费年限计发基本养老金；（6）对接近内部退养年龄的职工，经与企业协商可以在解除劳动关系时签订社会保险缴费协议，按规定缴纳社会保险费；（7）对尚未纳入医疗保险范围的失业人员，国家实施医疗救助制度。

→法条链接

《社会保险法》第五十条

《社会保险费征缴暂行条例》第十三条

小贴士

失业人员领取失业保险金期间在本省内跨统筹地区转移的，由迁出地经办机构出具证明，失业人员凭证明和《职工失业保险手册》到迁入地经办机构接续失业保险关系，并按迁入地标准领取失业保险金，不需划转资金。失业人员跨省迁移的，由迁出地经办机构出具证明，并划转所需资金，失业人员凭证明和资金划转手续到迁入地经办机构接续失业保险关系。

73. 国家对下岗职工有哪些优惠政策？

（1）税收减免：下岗职工从事社区居民服务业，符合规定免税项目范围的在规定期限内给予免征营业税、个人所得税、城市维护建设税和教育附加费等项税收优惠政策。

（2）工商登记优惠：下岗职工申请从事个体经营或开办私营企业的，在开业一年内，减免工商管理行政性收费。

（3）行政性收费优惠：下岗职工从事社区居民服务业的 3 年内可免收行政性收费，下岗职工申请从事个体工商经营、家庭手工业或开办私营企业的，工商、城建等部门要及时办理有关手续，开业一年内减免工商管理等行政性收费等。

（4）信贷优惠：对积极吸纳国有企业下岗职工的中小企业、劳动就业服务企业等就业实体的，以及下岗职工从事个体经济或组织起来兴办服务型企业的，只要符合国家产业政策、产品适销对路、符合贷款条件，有关商业银行和信用社要积极给予贷款支持，城市商业银行和城市信用社要优先安排此类贷款。另外，根据国务院有关文件规定，失业人员在再就业时可以享受下岗职工再就业的优惠政策。

→政策链接

《中共中央、国务院关于进一步做好下岗失业人员再就业工作的通知》

小贴士

享受再就业优惠政策的对象范围是有劳动能力和就业愿望的人员：国有企业的下岗职工；国有企业的失业人员；国有企业关闭破产需要安置的人员；享受最低生活保障并且失业一年以上的城镇其他失业人员。

准备再就业的下岗失业人员，首先要持经劳动和社会保障部门确认的下岗失业凭证和社区居委会出具的证明，向街道（镇）劳动和社会保障机构提出申请，经县级以上劳动保障部门审批。经认定符合条件的发放《再就业优惠证》。下岗失业人员再就业时，凭《再就业优惠证》享受相应的扶持政策。

74. 下岗女工可以享受生育保险待遇吗？

在孕期或哺乳期的改制企业下岗女职工，经本人申诉，企业可以给予不超过2年的假期，放假期间发给生活费，假期内含产假的，产假期间按照国家规定发给工资。不管是在岗职工还是富余人员、下岗职工，产假期间享受生育保险待遇都是一致的。

→法条链接

《劳动法》第六十二条

《社会保险法》第五十四条

《企业职工生育保险试行办法》第五条

小贴士

女职工享受产假的待遇是对女职工实施特殊劳动保护的重要措施之一，是我国社会保险的一项重要内容。只要下岗职工未与单位解除劳动关系，应当依法享受相应的社会保险待遇。

75. 下岗职工养老保险费如何缴纳？

按照国家政策规定，下岗职工再就业之前要与原企业再就业服务中心签订托管协议，原企业应将其个人养老保险关系划转到再就业服务中心，由再就业服务中心按规定统一办理下岗职工的养老保险。缴纳养老保险费所需费用由再就业服务中心承担。

→政策链接

《中共中央、国务院关于进一步做好下岗失业人员再就业工作的通知》

小贴士

再就业服务中心按月向社保部门办理托管人员缴纳养老保险费的申报结算手续，再就业服务中心月缴费基数按进入再就业服务中心的下岗职工缴费基数总额确定。托管人员养老保险关系转移到再就业服务中心后，原则上不再转回原企业，确需转移的，再就业服务中心应提供解除托管协议的有关依据，经社保中心核准后办理养老保险转移手续。

四、事业单位转企改制政策知多少

76. 哪些单位属于事业单位？

事业单位，在我国一般指受国家行政机关的领导，从事教育、科技、文化、卫生等活动的社会服务组织，具有独立的法人资格。事业单位绝大部分由国家设立或由社会组织建立。事业单位与企业不同，它不以营利为目的。事业单位与政府机构也不同，不是国家机关。按照财政补助方式的不同可以将事业单位分为全额拨款事业单位、差额拨款事业单位、自收自支事业单位。

→法条链接

《事业单位登记管理暂行条例》第二条

小贴士

事业单位是我国特殊国情下的特殊产物，它虽然有别于国外的非政府组织（NGO）和所谓的非营利组织（NPO），但是又同它们有着一定的联系。事业单位改革一直是行政管理体制改革的重要组成部分。2011年4月初，中央已经确定了事业单位分类改革的时间表，共涉及超过126万个机构，4000余万人。该表预计到2015年，中国将在清理规范基础上完成事业单位分类；到2020年，中国将形成新的事业单位管理体制和运行机制。

77. 事业单位如何分类？

事业单位的分类是依据其所承担的社会职能和经费预算形式及来源

划分的。事业单位承担的社会职能可分为：行政管理型、社会公益型、生产经营型。在经费预算形式及来源上可分为：全额拨款事业单位、差额拨款事业单位，还有一种自收自支事业单位。

行政管理类事业单位是指经批准授权承担政府职能的事业单位，是转轨时期政府职能的延伸，其大部分属于公务员系列编制管理的单位，是一种准机关性质的“事业单位”。

社会公益型事业单位是面向社会提供公益产品和公共服务的全额拨款或差额拨款的事业单位，如学校、医院等。其管理上是纳入上级政府主管部门的统一管理，经费上由政府主管部门对其提供相应的全额拨款或差额拨款。

生产经营型事业单位是指以营利为主要目的，面向市场从事生产经营，提供科研开发、勘察设计或中介服务活动的自收自支事业单位，如研究所、设计院、会计师事务所、律师事务所等。

→政策链接

《国务院办公厅关于印发分类推进事业单位改革配套文件的通知》

《中共中央、国务院关于分类推进事业单位改革的指导意见》

小贴士

行政管理类事业单位分为监督管理类事业单位、行政执法类事业单位。一般都是由政府全额拨款，也称“全供事业单位”。社会公益型事业单位一般分为三种：纯公益型事业单位、准公益型事业单位、弱公益型事业单位。经营型事业单位从经费来源看属于自收自支型，是国家不拨款的事业单位。生产经营型事业单位本质上属于进行了事业单位登记的“企业”。

78. 事业单位改革的主要内容是什么？

事业单位管理体制改革主要涉及政府的职责定位，政府与事业单位的关系、政府与社会的关系、政府对事业单位管理的创新等内容。

主要内容：（1）转变政府职能。明确政府与事业单位的职责划分，切实保证政府与事业单位在职能、机构和运行机制上的分开，减少对事业单位的行政审批和直接干预。（2）明确事业单位功能定位。对事业单位实施分类改革，将主要承担行政职能和主要从事生产经营活动的事业单位分离出去，强化事业单位公益属性，落实事业单位法人自主权。（3）创新政府管理方式。对事业单位实施分类管理，建立完善事业单位法人治理结构；加强对事业单位国有资产的管理。（4）完善政府投入机制。完善政府投入监督机制，明确不同层级政府的公益服务责任并举办相应事业单位。（5）促进社会力量参与公益服务。鼓励支持社会力量参与公益服务的提供，加强对社会公益组织行为规范的监管，规范社会力量的公益服务行为。

→政策链接

《中共中央、国务院关于分类推进事业单位改革的指导意见》

小贴士

2011年3月，中共中央、国务院《关于分类推进事业单位改革的指导意见》，4月初，中央确定事业单位分类改革时间表，涉及超过126万个机构，4000余万人，到2015年，中国将在清理规范基础上完成事业单位分类；到2020年，我国将形成新的事业单位管理体制和运行机制。

79. 改制单位人员的劳动关系如何调整？

原事业单位在不同改制情况下（如转企或民办非企业、歇业清算等）和不同身份背景情况下（劳模、军转干部、伤残军人等）的劳动关系调整，各地应按照本地相关规定办理。以江苏省为例：

（1）事业单位改制为企业或民办企业时，原单位原则上要与所有在编人员解除聘用（劳动）合同（关系），进行身份置换。改制后的单位应接收原单位全部职工，并按《劳动法》有关规定，与职工签订劳动合同，劳动合同期限一般不低于3年。职工置换身份的经济补偿金在合同中予以载明，并上缴市国有资产管理部门专户储存。今后，企业或民办非企业与职工解除或终止劳动合同时，除按照规定支付职工在本单位的经济补偿金外，还应由市国有资产管理部门支付职工原置换身份时的经济补偿金。职工达到国家法定退休年龄办理退休手续，不再支付原置换身份时的经济补偿金。

（2）事业单位改制时鼓励职工自谋职业、自主创业。自谋职业的职工由本人书面申请，单位同意，解除聘用（劳动）合同关系，按照规定发给经济补偿金。

（3）改制单位应妥善安置好省级以上劳模、军转干部、伤残军人、现役军人配偶。歇业清算事业单位的上述人员，如本人愿意自谋职业，按规定发给经济补偿金。如果本人要求重新就业的，由主管部门在系统内企业调剂安置，或由劳动和社会保障部门指导就业，按照规定结算的经济补偿金在劳动合同中载明。

（4）改制单位军转干部可在是人才交流中心实行人事代理，参加机关事业单位养老保险。

（5）改制单位职工年龄的确定，以本人档案最早记载的出生时间为准。职工改制前的工龄计算按照人事部门的规定执行，改制后的工龄计算按照劳动和社会保障部门的规定执行。

→法条链接

《劳动部关于印发〈违反和解除劳动合同的经济补偿办法〉的通知》

《企业国有产权转让管理暂行办法》

《江苏省仪征市关于生产经营性事业单位产权制度改革的意见》

小贴士

事业单位改制中的国有资产转让，应该参照国务院财政部、国资委联合颁布的《企业国有产权转让管理暂行办法》办理，通过依法设立的产权交易机构公开进行。

80. 实行企业化管理的事业单位如何参加社会养老保险?

实行企业化管理的事业单位应当参加所在地企业职工基本养老保险，按规定补缴基本养老保险费后，补缴前按国家规定可计算连续工龄的工作时间视同缴费年限。实行企业化管理的事业单位参保时已退休人员，经审核符合退休条件的，养老保险经办机构按照政策规定重新核定其基本养老保险标准，纳入统筹基金支付，对参保前已经发生的退休费用不结算、不补发。已退休人员纳入统筹基金支付后，与参保前原单位所发放养老金的差额部分，由原单位根据其经济情况妥善解决。新退休人员养老金的计发及新、老退休人员的待遇调整，按企业职工基本养老保险政策执行。

→法条链接

《社会保险法》第十三条

《社会保险费征缴暂行条例》第三条

小贴士

改制事业单位、企业化管理事业单位、自收自支事业单位均应按规定参加城镇企业基本养老保险，执行城镇企业基本养老保险制度。未参保的事业单位参保前经征得本单位职工大会或职代会的同意，向当地社会保险机构提供职工大会或职代会同意参保的证明，并与其签订参加企业基本养老保险协议书，再办理基本养老保险参保登记手续。

81. 事业单位职工基本养老金怎么计发?

参加工作、个人缴费年限（含视同缴费年限）累计满 15 年的人员，退休后按月发给基本养老金。基本养老金由基础养老金和个人账户养老金组成，缴费每满 1 年发给 1% 。个人账户养老金月标准为个人账户储存额除以计发月数，计发月数根据本人退休时城镇人口平均预期寿命、本人退休年龄、利息等因素确定。参保前参加工作、参保后退休且个人缴费年限累计满 15 年的人员，在发给基础养老金和个人账户养老金的基础上，再发给过渡性养老金。具体标准由各地省级政府确定。参保后达到退休年龄但个人缴费年限累计不满 15 年的人员，不发给基础养老金；个人账户储存额一次性支付给本人，终止基本养老保险关系。参保前已经退休的人员，继续按照国家规定的原待遇标准发放基本养老金，参加国家统一的基本养老金调整。

→法条链接

《社会保险法》第十五条、第十六条

《事业单位工作人员养老保险制度改革试点方案》

小贴士

2008 年，国务院出台《事业单位工作人员养老保险制度改革试点方案》，确定在山西、上海、浙江、广东、重庆 5 省市先期开展试点，与事业单位分类改革配套推进。试点的主要内容包括：养老保险费用由单位和个人共同负担，退休待遇与缴费相联系，基金逐步实行省级统筹，建立职业年金制度，实行社会化管理服务等。

82. 原机关事业单位灵活就业的职工如何参保？

机关事业单位原正式职工辞职或与单位解除劳动关系后以灵活方式就业的，原在机关、事业单位工作的按国家政策规定可计算为连续工龄的时间为视同缴费年限。其中，原已辞职或与单位解除劳动关系的人员，以灵活就业人员身份在养老保险个人服务窗口参保，应按规定补缴从辞职或解除劳动关系之月至参保前的基本养老保险费。其基本养老金按企业职工基本养老保险办法计发。

→法条链接

《实施〈中华人民共和国社会保险法〉若干规定》第三条

《湖北省劳动和社会保障厅关于完善企业职工基本养老保险若干政策问题的暂行处理意见》第三条

小贴士

灵活就业是指在劳动时间、收入报酬、工作场所、保险福利、劳动关系等方面不同于建立在工业化和现代工厂制度基础上的传统主流就业方式的各种就业形式的总称。是指下岗失业人员个人或以街道、社区等组织形式，从事社区便民服务、家政服务、企事业单位后勤服务等各种临时性劳务人员。这里所说的灵活就业人员不包括领取营业执照的个体工商户和建立劳动关系的私营企业就业人员。

83. 机关事业单位和社会团体编制外聘用人员如何参加养老保险?

从2008年1月1日《劳动合同法》实施以后，与国家机关、事业单位和社会团体建立劳动关系的编制外聘用人员，均应按规定参加基本养老保险，执行企业职工基本养老保险制度。用人单位要按属地原则依法到统筹地社会保险经办机构办理社会保险登记。参保的机关事业单位编制外聘用人员，只计算实际缴费年限。实际缴费年限满15年以上，达到国家规定的退休年龄办理退休手续，享受基本养老保险待遇，按月领取基本养老金。基本养老金计算方法按照全省统一的企业职工基本养老金计发办法执行。对《劳动合同法》施行以前与机关事业单位建立劳动合同关系的编制外聘用人员，用人单位要求按照以下办法，为其补缴参保。

→法条链接

《劳动法》第七十条

《劳动合同法》第九十六条

《社会保险法》第二条、第三条

《实施〈中华人民共和国社会保险法〉若干规定》第三条

小贴士

根据法律规定，以编制外聘用人员与用人单位建立劳动合同关系时间为依据，1995 年 1 月 1 日以前与用人单位建立劳动合同关系的，补缴最早时间为 1995 年 1 月 1 日；1995 年 1 月 1 日以后与用人单位建立劳动合同关系的，补交时间为建立劳动合同关系之时。补交基数为历年本人工资收入，如本人工资收入超过同期所在省上一年在岗职工月平均工资 30‰以上的，超过部分不作为缴费基数，低于同期所在省上一年在岗职工月平均工资 60‰的，按 60‰作为缴费基数。单位补交比例为 20‰，个人补交比例为 8‰。利息随同补交。机关事业单位编制外聘用人员补交基本养老保险费后，社会保险经办机构按照所在省统一规定从 1998 年 1 月 1 日起为职工建立养老保险个人账户。

84. 现行事业单位养老保险有哪些主要政策？

事业单位工作人员凡符合国家法定的正常退休年龄，参保单位和工作人员已按规定缴纳养老保险基金的，从办理退休手续的下月起领取基本养老保险金。基本养老保险金包括离退休（职）人员的离退休（职）费按国家和所在省规定标准保留。参保人员达到法定正常退休年龄时，如果个人缴费不满 15 年的，个人账户全部储存额一次性支付给本人，不另发基本养老金；有视同缴费年限的，再按其视同缴费年限每满 1 年发给 2 个月上年职工月平均工资，同时终止养老保险关系。凡未达到国家法定正常退休年龄（男满 60 周岁，女干部满 55 周岁，女职工满 50 周岁）办理了提前退休手续的人员，所在单位继续为其缴纳养老保险金的单位部分。其退休费由原单位支付，待其达到法定正常退休年龄后转由社保经办机构支付。根据相关政策，事业单位职工退休金是以原来工资中的职务工资、津贴两部分作为基数，再根据工作年限的长短分别按一定比例计算，再加上其他生活补贴和职务补贴等计发。

→法条链接

《社会保险法》第十五条、第十六条

《实施〈中华人民共和国社会保险法〉若干规定》第二条、第三条

《事业单位工作人员养老保险制度改革试点方案》

小贴士

目前，事业单位在退休金的支付方式上，除部分试点地区外，在全国范围内还没有建立职工养老保险基金统筹制度，部分地区事业单位职工退休金还是实行财政供给或原单位自行筹集的方式解决。

85. 事业单位转企改制养老保险的参保政策是什么？

根据国家有关政策精神，各地相继出台了转企事业单位社保配套政策，归纳起来主要有：对于改企事业单位人员实行“老人老办法、新人新办法”，即对于成建制改企前已参加机关事业养老保险的人员继续执行原制度不变，对于改制后的新进人员（除原已参加机关事业社保后调入改制单位的新进人员）执行企业职工基本养老保险制度。其中，对于原已参加机关事业社保的改企单位分流人员，可以申请参保或接续养老保险关系；原执行机关事业养老保险制度的在职人员，在中断一年缴费内的，可选择改为执行企业职工基本养老保险制度，也可选择继续执行机关事业养老保险制度；从机关、全额拨款事业单位、军队等非统筹单位中的国家干部、全民固定职工、军队转业干部调入改制后的事业单位，作为单位新进人员执行企业职工基本养老保险制度。其他事业单位中未参保人员调入改制事业单位的，作为单位新进人员执行企业职工基本养老保险制度。

→政策链接

《事业单位工作人员养老保险制度改革试点方案》

《安徽省政府办公厅转发省劳动保障厅等部门关于我省事业单位转制为企业参加企业职工基本养老保险试行意见的通知》

《福建省劳动和社会保障厅、省财政厅关于贯彻〈福建省人民政府办公厅关于省直机关事业单位工作人员养老保险有关问题的通知〉的实施意见》

小贴士

《中共中央、国务院关于分类推进事业单位改革的指导意见》明确规定，事业单位工作人员基本养老保险实行社会统筹和个人账户相结合，养老保险费由单位和个人共同负担，个人缴费全部记入个人账户。养老保险基金单独建账，实行省级统筹，基本养老金实行社会化发放。实行“老人老办法、新人新制度、中人逐步过渡”，对改革前参加工作、改革后退休的人员，妥善保证其养老待遇水平平稳过渡、合理衔接，保持国家规定的待遇水平不降低。建立事业单位工作人员职业年金制度。

86. 解除劳动关系的职工是否允许个人缴纳养老保险费？

职工与企业解除劳动关系后，被新企业录用的人员，由新企业到社保部门为其接续养老保险关系，并由新录用企业和个人按规定缴纳保费；与用人单位解除劳动合同关系的失业、灵活就业人员，可携带其证明材料，到社保部门按灵活就业人员参保政策接续养老保险关系，并按规定缴纳保费；接续后的缴费年限同以前参保的缴费年限合并计算。

→法条链接

《社会保险法》第十条、第十一条

《实施〈中华人民共和国社会保险法〉若干规定》第二条、第三条

小贴士

企业与职工终止或解除劳动关系后，本人养老保险由本地人才或职介档案管理部门代理缴纳养老保险，本人到本地劳动部门职介中心（或人才中心）办理人事档案寄存和养老保险缴费事务。到辖区内新工作单位缴纳养老保险的由新工作单位代理养老保险缴费。职工必须在订立《劳动合同》之日后方可缴纳养老保险。开始时间要和养老保险缴费起始时间相符，这是确定职工参保时间和参加工作时间的依据。职工的劳动合同订立开始时间（即参加工作时间）必须和养老保险缴费时间

（即参保时间）相一致，这是职工办理养老保险关系转移、批准退休时领取养老待遇的重要依据。人事档案是职工办理养老保险关系转移、批准退休时领取养老待遇的重要依据。如人事档案丢失将直接影响到职工的养老保险关系转移、退休审批和养老金待遇的领取。

87. 事业单位改制中落聘人员，医疗保险关系如何办理？

落聘人员的医疗保险关系应按照各地制定的具体办法办理。以哈尔滨市的规定为例：

（1）原单位和再就业单位均已参加基本医疗保险的，可以通过再就业单位转移医疗保险关系；

（2）原单位已参加基本医疗保险，再就业单位未参加医疗保险或者原单位和再就业单位均未参加基本医疗保险以及人事档案在各级人才交流中心的，按照《关于解决困难企业职工和灵活就业人员医疗保险有关问题的通知》的有关规定执行；

（3）原单位未参加基本医疗保险，再就业单位已参加的，可以通过再就业单位参加基本医疗保险。

→政策链接

《中共哈尔滨市委办公厅、哈尔滨市人民政府办公厅关于印发哈尔滨市事业单位机构改革方案等文件的通知》

《哈尔滨市劳动和社会保障局关于印发关于解决困难企业职工和灵活就业人员医疗保险有关问题的意见的通知》

小贴士

江苏宿迁宿豫区在积极推进乡镇事业单位改革中，对原乡镇事业单位人员实行全员置换，签订身份置换协议书，解除人事劳动关系，变“单位人”为“社会人”。对落聘人员一次性兑现身份置换金；对聘用人员一次算清，签订协议，存入个人档案，待解聘离岗时兑付。坚持因事设岗、以岗定薪的原则，实行竞争上岗、合同用人，突破了事业单位传统的用人方式，实现了事业单位用人由“身份管理”向“岗位管理”、“固定用人”向“合同用人”的转变，走出了“以钱养事”、“以事用人”的事业发展新路子。

88. 事业单位转企改制中，一次性缴纳医疗保险费用的经费从哪来?

具体操作各地有具体规定，应按照当地相关规定执行。以安徽省的规定为例：

经营服务性事业单位转企改制需一次性缴纳的医疗保险费用，原则上从单位国有资产变现中支出，不足部分由其主管部门从自有资金中划拨补助，或由财政从省属转企改制事业单位上缴的国有资产变现资金结余中调剂解决。

→政策链接

《事业单位工作人员养老保险制度改革试点方案》

《安徽省人力资源和社会保障厅、财政厅、机构编制委员会办公室、国资委、地方税务局关于省属经营服务性事业单位转企改制后职工基本医疗保险有关问题的补充意见》

小贴士

《河南省人民政府办公厅印发关于省直经营性文化事业单位转企改制中人员分流安置和劳动保障有关问题意见的通知》中规定，经营性文化事业单位转制后，继续执行当地基本医疗保险政策。转制前参照执行国家公务员医疗补助政策享受医疗补助的退休人员，转制后继续享受医疗补助待遇，所需经费从财政继续拨付的事业费中解决。在职人员的医疗补助可由企业建立补充医疗保险解决。离休干部的医疗保障执行现行办法，所需资金仍按原渠道解决。

89. 事业单位转企改制提前退休政策是怎样的?

对事业单位转制为企业的，一般转制时距法定退休年龄5年内、工龄满20年或工龄满30年以上的人员，经本人申请，人事部门批准，按照相关规定可以办理提前退休。提前退休期间的退休金（按事业单位标准计发），至法定退休年龄之间的养老保险费以及增资部分，由原单位一次性缴清或从资产变现中筹集。

→法条链接

《社会保险法》第十六条

《实施〈中华人民共和国社会保险法〉若干规定》第二条、第三条

《安徽省事业单位转制为企业参加企业职工基本养老保险的试行意见》

小贴士

事业单位转企改制提前退休政策是辅助解决事业单位转企中人员安置方面的政策依据，具体实施应按照当地相关转制政策规定执行。

90. 转企改制的事业单位退休职工养老金如何计发?

改制前离退休人员养老金计发标准不变。改制后退休人员养老金按照企业职工养老保险政策计发，对自改制起5年内退休的人员，按企业颁发计发的养老金低于按事业单位办法计发的养老金部分，加发补贴。补贴标准：截至改制时，本人按事业单位退休金计发办法计算的退休金，与改制时当地企业退休人均养老金水平之间的差额作为计发补贴的基数，一次核定后不再变动，改制日后第1年内退休的发给该基数的90%，第2年至第5年内退休的，一次发给该基数的70%、50%、30%、10%；如按企业办法计发养老金与加发补贴高于原按事业单位标准计发养老金标准的，执行原事业单位计发标准。至第六年起退休的不再加发补贴。改制后调入的人员，退休时基本养老金按企业办法计发。

→法条链接

《社会保险法》第十六条

《实施〈中华人民共和国社会保险法〉若干规定》第二条、第三条

《安徽省事业单位转制为企业参加企业职工基本养老保险的试行意见》

小贴士

事改企过程中的养老保险政策解决的主要问题是将转为企业的原事业单位纳入企业养老保险制度范围，执行企业的养老保险政策。从1999年起，国家先后就中央部（委）所属的科研、工程勘察设计单位，文化事业单位转制改企制定了一系列政策，其中就包括了养老保险制度方面的具体政策，各省区市相继制定了实施办法。

91. 转企改制事业单位离退休职工基本养老金调整有哪些政策？

转制改企事业单位离退休人员基本养老金的调整，根据转制前后以及单位拨款性质不同分别规定：转制后离退休人员，养老金调整按企业办法执行。转制前离退休人员有正常事业费的转制单位（包括原为全额、差额拨款的事业单位），转制前离退休人员按照国家和省有关事业单位离退休人员调资政策调整退休金，所需资金仍按原拨款渠道解决；无正常事业费的转制单位（即原为自收自支单位），转制前离退休人员按照国家有关企业退休人员的政策调整养老金，按企业政策调整与按事业单位政策调整之间的差额，由原单位视情况自行解决。

→法条链接

《社会保险法》第十六条

《实施〈中华人民共和国社会保险法〉若干规定》第二条、第三条

《安徽省事业单位转制为企业参加企业职工基本养老保险的试行意见》

小贴士

转企改制事业单位退休人员基本养老金的调整，一般区分为改制前退休、改制后退休以及按单位拨款性质分别作出不同的规定。具体实施则按照当地政府相关规定执行。

92. 事业单位改制前离退休职工的基本养老金怎样支付？

有正常事业费转制单位养老金支付：原为全额拨款的转制单位，转制前离退休人员养老金分两部分支付，社保机构承担按照接收时当地企业人均月养老金标准核定部分，一次核定后不再增加。其与原养老金的差额部分由财政按原拨款渠道安排资金划入社保专户，由社会保险机构负责全额发放，按事业单位标准和办法调整增加的养老金也照此办理；原为差额拨款的转制单位，转制前离退休人员养老金，社保机构负责发放接收时按当地企业人均养老金标准核定的部分，今后不再增加。差额部分由原单位支付，财政按原承担比例解决相应部分，如遇事业单位调整养老金，调整退休金由财政和单位共同承担，原单位支付。无正常事业费转制单位养老金支付：无正常事业费转制单位离退休人员养老金以及今后按企业办法调整的养老金，全部由社保机构支付（离休人员待遇仍按事业单位办法调整）。

→政策链接

《社会保险法》第十六条

《实施〈中华人民共和国社会保险法〉若干规定》第二条、第三条

《安徽省事业单位转制为企业参加企业职工基本养老保险的试行意见》

小贴士

事业单位改制前已经离退休人员基本养老金的支付政策主要是根据转企中原事业单位是否具有正常的事业费来作出相应安排。转制后退休人员养老金支付：转制后退休的人员，养老金及今后调整的养老金全部

由社保机构支付。具体实施应按当地有关规定执行。

93. 因改制分流内退的职工生活费和社会保险费由谁负担？

改制前内部退养的职工生活费和社会保险费由原单位发放或由改制后的新企业发放；改制时内退职工生活费和社会保险费用由改制后的新企业发放。

→法条链接

《事业单位工作人员养老保险制度改革试点方案》

小贴士

已经在改制前办理内退手续的，生活费、养老金自改制后的新企业成立时起，由新企业继续为其发放生活费并为其缴纳社会保险费。也可以按改制前原内退相关规定一次性发给有关费用，同时缴足社会保险费。改制时的内退人员，其生活费由元单位移交至新企业并由新企业继续按月发放。生活费标准，根据单位经济效益和工资水平，由单位和内退职工协商，按职工本人内退前12个月的月平均工资的一定比例计发，但不得低于下岗职工第一年基本生活费，也不得低于当地最低生活保障费标准。无论原单位内退人员，还是改制时的内退人员，均应落实养老金和医疗保险金，并续签劳动合同。

五、企事业单位改制中的职工权益如何维护

94. 企业改制中会涉及职工的哪些权益?

企业改制过程中和职工权益最密切相关的是职工安置方案。为了保障职工权益，按照相关规定，安置方案需要职工（代表）大会审议通过，并及时向广大职工群众公布。

其内容主要包括：企业的人员状况及分流安置意见，职工劳动合同的变更、解除及重新签订办法，解除劳动合同职工的经济补偿金支付办法，社会保险关系接续，特殊职工群体待遇，职工股权变动，拖欠职工的工资等债务和企业欠缴的社会保险费处理办法等。

企业改制时，对经确认拖欠职工的工资、集资款、医疗费和挪用的职工住房公积金以及企业欠缴社会保险费，原则上要一次性付清。改制后的企业要按照有关规定，及时为职工接续养老、失业、医疗、工伤、生育等各项社会保险关系，并按时为职工足额缴纳各种社会保险费。此外，企业实施改制时还要向职工公布企业总资产、总负债、净资产、净利润等主要财务指标的财务审计、资产评估结果，接受职工的监督。

→政策链接

《国务院办公厅转发国资委关于进一步规范国有企业改制工作实施意见的通知》

小贴士

企业改制涉及职工的切身利益，所以相关法规政策对改制程序、步

骤做了明确规定，保证职工不仅能全面了解改制过程，还要参与企业重大事项的决策，从而保障职工权益。

95. 改制后原企业债务由谁承担？

原企业的债务通常做如下处理：（1）尊重当事人的约定原则。对转移的债务，债权人认可的，只要约定不违反法律强制性规定，就应认为有效。按约定由新公司承担。对债权人不认可的，由原企业承担，与新公司无关。（2）债务随资产走的原则。原企业改制后，无能力清偿债务时，适用该原则。新公司应在其接收的财产范围内与原企业承担连带责任。

→法条链接

《公司法》第九条

《最高人民法院关于审理与企业改制相关的民事纠纷案件若干问题的规定》第五条至第十条

小贴士

关于改制前企业债务承担问题，具体规则如下：（1）如果原企业改制成国有独资公司，由改造后的公司承担；（2）通过增资扩股或者转让部分产权、他人参股、改造成有限责任公司或者股份有限公司，由新设立的公司承担；（3）以部分财产和相应债务与他人组建新公司，其转移的债务债权人认可，由新设立的公司承担，如原企业无力承担，可以由新设立的公司在接受原企业财产范围内承担；（4）企业以其优质财产与他人组建新公司，企业的债务仍留原企业，债权人可向新设公司和原企业讨索债务，新设公司以所接受财产范围承担责任，超出部分，仍由原企业承担。

96. 企业改制应通过什么方式听取职工意见？

按照相关法规政策的规定，企业在改制过程中可以通过职工（代表）大会、厂务公开等渠道听取职工意见建议，也可以由企业工会或职工董事、职工监事代表职工对企业改制等重大决策提出意见建议等。

企业应当建立和实行厂务公开制度，通过职工代表大会和其他形式，将企业生产经营管理的重大事项等按照一定程序向职工公开，听取职工意见，接受职工监督。职工董事、职工监事本身是企业职工的一员，有权利就涉及职工切身利益的规章制度或者重大事项，提请召开董事会、监事会会议，反映职工的合理要求，维护职工合法权益。

→法条链接

《工会法》第三十八条

《企业国有资产法》第三十七条

《企业民主管理规定》第十三条、第三十一条

《中共中央办公厅、国务院办公厅关于进一步推进国有企业贯彻落实“三重一大”决策制度的意见》

小贴士

工会是职工利益的代表和维护者，当然有权利和义务代表职工就企业改制等重大事项发表意见建议。职工（代表）大会是职工行使民主管理权力的机构，是企业民主管理的基本形式。它有权听取企业改革等重大决策的制定和执行情况，并提出意见和建议。

97. 哪些人可以当选为职工代表？

按照相关规定，享有政治权利的企业职工均可当选为职工代表。企业召开职工代表大会的，职工代表人数按照不少于全体职工人数的 5% 确定，最少不少于 30 人。职工代表人数超过 100 人的，超出的代表人数可以由企业与工会协商确定。职工代表大会的代表由工人、技术人员、管理人员、企业领导人员和其他方面的职工组成。其中，企业中层

以上管理人员和领导人员一般不得超过职工代表总人数的20%。有女职工和劳务派遣职工的企业，职工代表中应当有适当比例的女职工和劳务派遣职工代表。

→法条链接

《全民所有制工业企业职工代表大会条例》第十条、第十二条

《企业民主管理规定》第八条、第九条

小贴士

职工代表大会每届任期为3年至5年。具体任期由职工代表大会根据本单位的实际情况确定。职工代表大会因故需要提前或者延期换届的，应当由职工代表大会或者其授权的机构决定。职工代表的产生，应当以班组或者工段为单位，由职工直接选举。大型企业的职工代表，也可以由分厂或者车间的职工代表相互推选产生。

98. 职工安置方案必须经职工代表大会或职工大会审议通过吗？

职工安置方案必须经职工代表大会或职工大会审议通过，这是法规政策的强制性规定。如果职工安置方案没有经过职工代表大会或职工大会审议通过，在法律上是无效的，职工可以拒绝承认和履行。未经审议通过的安置方案在仲裁、诉讼过程中仲裁机构、司法机关也不会认可。

职工安置方案的主要内容有：企业的人员状况及分流安置意见；职工劳动合同的变更、解除及重新签订办法；解除劳动合同职工的经济补偿金支付办法；社会保险关系接续；拖欠职工的工资等债务和企业欠缴的社会保险费处理办法等。

→法条链接

《全民所有制工业企业法》第五十一条

《企业民主管理规定》第十四条

小贴士

国有企业实施改制前，原企业应当与投资者就职工安置费用、劳动关系接续等问题明确相关责任，并制订职工安置方案。职工安置方案必须经职工代表大会或职工大会审议通过，企业方可实施改制。

99. 企业不依法履行民主程序怎么办？

根据相关法律和政策规定，凡是企业应当提请职工代表大会审议、通过、决定的事项，而没有经过职工代表大会或者没有按照法定程序审议、通过或者决定的，其所作出决定的事项是无效的。对于无效的决定、规章制度等，职工可以拒绝执行。若因执行无效决定、规章制度产生争议，仲裁机构和司法审判机关对于要求职工遵守无效的决定和规章制度也是不予支持的。

→法条链接

《劳动法》第八条

《劳动合同法》第五十一条

小贴士

职工发现企业有违反企业民主管理规定行为怎么办？可以向工会组织反映，由工会与企业协商解决，协商仍不能解决的，可以提请当地劳动行政部门协调处理；凡是未经民主程序的规章制度，劳动行政部门在仲裁、人民法院在诉讼时应裁定无效。

100. 企业改制中的国有资产流失有什么表现？

企业在改制中的国有资产流失现象主要表现为：将国有资产无偿或低价量化为集体股、个人股；通过财务账表调整、会计科目合并等手段调减国有资产账面价值；资产评估机构评估评估范围不全等。

→政策链接

《国务院办公厅转发国资委关于进一步规范国有企业改制工作实施意见的通知》

小贴士

企业改制过程中往往伴随有国有资产流失现象。主要原因是：(1) 对企业无形资产评估保护不力。改制企业往往只注重对房产、设备等固定资产的评估，而对企业的商标、专利、商号、名称等无形资产没有进行评估或评估不足。少数企业负责人为将国有资产占为己有，将企业多年积累的无形资产，试图从企业的资产总额中除去，以达到降低购买股权成本的目的，从而侵占国有资产，将国有资产归为已有。(2) 资产评估过程缺乏监督。对资产评估机构是否有资质、有能力对无形资产的价值进行评估，能否对无形资产作出准确的评估等都缺乏应有的监督，致使国有资产流失。

101. 什么情况下职工可以向劳动监察部门举报，怎样举报?

用人单位有下列情况，职工可以向劳动监察机构举报：(1) 用人单位未与职工签订劳动合同；(2) 不按时足额发放工资和执行最低工资标准；(3) 用人单位不按时缴纳社会保险；(4) 超市加班加点不支付工资；(5) 向被录用人员收取保证金或抵押金等变相收费；(6) 非法使用童工；(7) 招用未取得相应职业资格证书的职工从事特殊技术工种工作的；(8) 社会劳务中介机构和培训机构违反有关规定；(9) 用人单位招聘职工不办理备案手续。职工可采取电话举报、信件举报、当面反映举报等形式向当地劳动监察机构反映用人单位违法行为，劳动监察机构对符合规定的举报，要在7日内立案查处。

→法条链接

《劳动法》第九十一条

《劳动合同法》第七十四条、第八十五条

《劳动保障监察条例》第十条、第十一条

小贴士

劳动行政主管部门对违反劳动法规的单位，可以依据现行劳动法律、法规、规章的决定，分别给予警告、通报批评、罚款、吊销许可证、责令停产整顿的处罚；对触犯其他行政法规的，建议有关行政机关给予行政处罚；对触犯刑律的，建议执法机关追究其刑事责任。

102. 职工和用人单位发生劳动争议怎么解决？

职工与用人单位发生劳动争议后，可以通过以下途径来解决：(1）与用人单位协商，达成和解协议；（2）不愿协商、协商不成或者达成和解协议后不履行的，向劳动争议调解组织申请调解；（3）不愿调解、调解不成或者达成调解协议后不履行的，向劳动争议仲裁委员会申请仲裁；(4）对仲裁裁决不服的，职工可以向人民法院提起诉讼。

→法条链接

《民事诉讼法》第三条

《劳动争议调解仲裁法》第二条、第四条、第五条、第五十条

小贴士

劳动争议往往涉及多名职工，大家利益诉求一致。为方便职工表达诉求，根据现行法律规定，职工一方在10人以上，并有共同请求的，可以推举代表参加调解、仲裁和诉讼活动。职工一方对自己提出的主张，有责任提供证据。与争议事项有关的证据属于用人单位掌握管理的，用人单位应当提供；用人单位不提供的，应当承担不利后果。如果

用人单位违反国家规定，拖欠或者未足额支付劳动报酬，或者拖欠工伤医疗费、经济补偿或赔偿金产生的争议，职工还可以向劳动行政部门投诉。

103. 职工如何申请劳动争议调解？

职工可以口头或书面形式向调解组织提出调解申请。经调解达成协议的，由调解委员会制作调解协议书，由双方当事人签名或盖章，调解员签名并加盖调解组织印章后生效。经调解未达成协议，或者用人单位不履行调解协议的，职工可以申请劳动仲裁。因支付拖欠的劳动报酬、工伤医疗费、经济补偿金和赔偿金双方达成调解协议的，用人单位不履行协议的，职工可以向人民法院申请支付令。在仲裁和诉讼过程中，调解协议书具有证据效力。

→法条链接

《劳动争议调解仲裁法》第三条、第十条、第十二条、第十五条

《人民调解法》第十七条、第十八条

小贴士

目前，我国主要有四大类调解组织：（1）企业劳动争议调解委员会。设立在用人单位内部，是职工身边的调解组织，在调解劳动争议方面有优势，但往往受制于企业行政，难以作出有利于职工的调解结论。（2）基层人民调解委员会。一般设立在城市和农村社区以及乡镇街道，但此类调解组织专业性不强，在解决劳动争议方面缺乏优势。（3）在乡镇、街道受理的具有劳动争议调解职能的组织。主要设立在小型非公企业比较集中的乡镇、街道、社区和行业，是相对较专业的劳动争议调解组织。（4）各级工会牵头设立的劳动争议调解组织。是近年来工会组织探索建立的公益性组织，在维护职工权益方面有较大优势。

104. 职工如何申请劳动争议仲裁?

职工向劳动争议仲裁委员会申请仲裁，应当自指导或者应当指导其权利被侵害之日起 1 年内向仲裁委员会提出申请。劳动关系存续期间因拖欠劳动报酬发生争议的，职工申请仲裁不受 1 年失效限制；但是，劳动关系终止的，应当自劳动关系终止之日起 1 年内提出。

→法条链接

《劳动争议调解仲裁法》第二十七条、第二十八条

小贴士

职工申请仲裁可以书面申请，也可以口头申请。职工应当向劳动合同履行地或者用人单位所在地的劳动争议仲裁委员会申请仲裁。劳动争议仲裁委员会收到仲裁申请之日起 5 日内作出受理或不受理的决定，并以书面形式告知申请人。如果职工对劳动争议仲裁委员会不予受理不服或逾期未作出受理决定的，可以向人民法院提起诉讼。如果劳动争议仲裁委员会受理后 60 日内未作出裁决，职工也可以向人民法院起诉仲裁委员会。

105. 企业改制过程中发生纠纷可以到法院起诉吗?

根据我国民事诉讼法相关规定，企业改制过程中发生的属于企业和职工之间平等关系的民事纠纷可以提起民事诉讼，属于管理与被管理的行政关系的纠纷不可以提起民事诉讼。

→法条链接

《民事诉讼法》第三条

《最高人民法院关于审理与企业改制相关民事纠纷案件若干问题的规定》第一条、第三条

小贴士

根据相关规定，改制过程中发生的以下纠纷法院应该受理：企业公司制改造中发生的民事纠纷、企业股份合作制改造中发生的民事纠纷、企业分立中发生的民事纠纷、企业债权转股权纠纷、企业出售合同纠纷、企业兼并合同纠纷等。政府主管部门在对企业国有资产进行行政性调整、划转过程中发生的纠纷，当事人向人民法院提起民事诉讼的，人民法院不予受理。

106. 职工打劳动争议官司需要注意什么？

（1）要先申请仲裁。职工对劳动争议仲裁委员会不予受理、逾期未做出受理决定或已经受理但逾期未做出仲裁裁决的，可以就该争议事项向人民法院提起诉讼。对仲裁委员会受理完毕作出的仲裁裁决不服的，可以自收到仲裁裁决书之日起15日内向人民法院提起诉讼。（2）可以申请先支付。用人单位拖欠或未足额支付劳动报酬的，职工可以依法向法院申请支付令；支付令被法院裁定终结督促程序后，职工就该争议事项应先向劳动争议仲裁委员会申请仲裁。（3）不服可以申诉。职工对已经发生法律效力的判决、裁定，认为有错误的；或对已发生法律效力的调解书、提出证据证明调节违法自愿原则或调节协议内容违反法律的，可以向上一级人民法院申请再审。

→法条链接

《民事诉讼法》第三条、第一百条、第一百零六条

《劳动争议调解仲裁法》第二十七条、第二十八条

小贴士

职工打劳动争议官司尤其要注意时效，一旦错过法律规定的时效将于事无补。申请劳动争议仲裁时效是1年，自职工知道权利受到损害之日计算；劳动争议仲裁委员会受理后到作出裁决的时间是45天，最长不得超过60天，自仲裁委受理之日起计算，如果仲裁委60天还没有作

出裁决，职工就可以到法院起诉仲裁委员会；职工对仲裁裁决不服提起诉讼的时间是15日，自职工受到仲裁裁决之日起计算；职工不服法院判决、裁定上诉期限是15天，自法院送达之日起计算。

107. 用人单位不执行劳动争议仲裁裁决、法院判决怎么办?

对因支付拖欠劳动报酬、工伤医疗费、经济补偿金或赔偿金事项达成调解协议，如果用人单位在约定期限内不履行，职工可以持调解协议向人民法院申请支付令；支付令被法院裁定终结督促程序的，职工可以依据调解协议直接向法院提起诉讼。对发生法律效力的法律文书（劳动争议调解书、裁决书，已经生效的法院判决、裁定等），用人单位拒不履行的，职工可以向人民法院申请强制执行。

→法条链接

《民事诉讼法》第一百零六条、第二百二十四条

小贴士

为便于执行，职工最好在申请法院执行前详细掌握用人单位财产状况，并向法院提供用人单位的财产状况、财产线索、企业负责人下落等情况。否则，如果执行过程中法院无法查到被执行人财产，将无法顺利执行。如果职工无法自行调查用人单位财产状况，也可以请求法院调查。

108. 职工在什么情况下可以向工会申请法律援助?

一般来说，职工在发生以下情况时可以向工会申请法律援助：(1) 发生劳动关系纠纷；(2) 因维护自己权益，人身、财产等权利受到侵犯；(3) 工会工作者因为履行维护职工合法权益受到侵害；(4) 工会组织合法权益受到侵犯等。

申请工会法律援助的条件：（1）本人及其家庭经济状况符合当地工会提供法律援助的经济困难标准；（2）未达到工会提供法律援助的经济困难标准，但确实需要工会提供法律援助。如果农民工在讨薪过或职工工伤赔偿的可以直接申请工会法律援助的。

→法条链接

《工会法》第二十一条

《法律援助条例》第八条

《工会法律援助办法》第八条

小贴士

职工申请法律援助应当向劳动合同履行地或者用人单位所在地的工会法律援助机构提出。工会法律援助机构自收到申请之日起 7 日内按规定条件审查。对符合条件的，当地工会指派法律援助承办人员为职工提供援助。工会会在力所能及的范围内为职工提供法律咨询、代写法律文书、参与协商、调解、仲裁、诉讼代理等方面的援助。

109. “12351”职工维权热线可以为职工提供哪些帮助？

“12351”职工维权热线是全国工会设立的全国统一服务热线电话号码。目前，全国和省、市、县级总工会都开通了“12351”职工维权热线。“12351”职工维权热线可以为职工提供这些服务：（1）劳动法律、法规和政策咨询；（2）需要帮扶及解决生活困难的求助；（3）对侵害自身合法权益行为的控告、申诉；（4）对紧急突发事件和重点生产安全事故的报告；（5）其他涉及职工合法权益问题的反映等。

→法条链接

《信访条例》第四十九条

《全国工会实施〈信访条例〉办法》第二条、第八条

小贴士

“12351”职工维权热线可以通过固定电话或移动电话拨打。拨打方法：拨打本地职工维权热线电话时，可直拨“12351”电话号码；拨打外地职工维权热线时，可在“12351”号码前加拨所在地区长途区号。工会对职工反映的问题，会按照“属地管理”、“分级负责、归口管理”、“谁主管、谁负责”的原则，由所在地区、产业工会或由所在地区、产业工会积极协助和敦促政府及有关部门解决。一些地方工会将“12351”职工维权热线与工会困难职工帮扶、法律援助、劳动争议调解等功能相结合，成为集信访接待、普法宣传、协商调解、法律援助为一体的工作平台，职工可以“打一个电话办更多的事”。

六、文书与图示

××××厂改制职工安置方案

××××厂（以下简称××厂）成立于×年，现为国有独资企业，×年×月×日，经山东省人民政府国有资产监督管理委员会以鲁国资企改函××号文件批复进行整体改制，国有产权全部退出，进入省国资委指定的产权交易市场挂牌交易。根据省政府《关于深化省属国有企业改革的意见》（鲁政发〔2003〕62号）、省国资委《关于规范改制企业职工劳动保障费用支付等有关问题的通知》（鲁国资产权〔2007〕11号）、省劳动和社会保障厅《关于印发省属国有企业改制劳动保障有关问题处理办法的通知》（鲁劳社〔2004〕5号）和《关于省属国有企业改革职工安臵有关问题的补充通知》（鲁劳社〔2006〕81号）等有关政策规定，结合本企业实际，制订职工安置方案如下：

一、制订职工安置方案的指导思想、原则和政策依据

（一）指导思想

认真贯彻落实国家和省关于深化国有企业改革的指示精神，按照构建社会主义和谐社会的要求，在企业改制过程中，坚持“以人为本、因企制宜”的原则，从维护职工切身利益出发，严格执行有关法律法规和政策，认真履行民主程序，依法理顺劳动关系，妥善安置改制企业职工，规范操作，稳步实施，确保稳定。

（二）坚持原则

1. 坚持依法操作，分类处理的原则。以现行法律、法规为依据，按照省政府《关于深化省属国有企业改革的意见》（鲁政发〔2003〕62号）及相关配套政策，规范操作，分类处理改制企业与职工的劳动关系。

2. 坚持妥善安置职工的原则。在职工自愿的前提下，改制后企业原则上全部接收安置原企业职工，并履行相应的社会责任和义务。

3. 遵守诚实信用和公开、公正、公平的原则，据实计算并按规定支付职工的各项费用，依法维护职工的合法权益，保证国有资产不流失。

4. 坚持履行民主程序和审核程序的原则。职工安置方案要广泛听取工会和职工的意见，保障职工的参与权、知情权和监督权，经职工代表大会审议通过并形成决议，由企业主管部门审查，报省人力资源和社会保障厅审核，经公示无异议后，在资产处置的同时组织实施。

5、坚持确保稳定的原则。把做好职工思想政治工作贯穿于改制全过程，化解矛盾、消除不稳定因素，确保职工安置方案的顺利实施和社会稳定。

（三）主要政策依据

1.《中华人民共和国劳动合同法》（2007 年 6 月 29 日第十届全国人民代表大会常务委员会第二十八次会议通过）；

2. 省政府《关于深化省属国有企业改革的意见》（鲁政发〔2003〕62 号）；

3. 省国资委《关于规范改制企业职工劳动保障费用支付等有关问题的通知》（鲁国资产权〔2007〕11 号）；

4. 省劳动和社会保障厅《关于印发 < 省属国有企业改制劳动保障有关问题处理办法 > 的通知》（鲁劳社〔2004〕5 号）；

5. 省劳动和社会保障厅《关于省属国有企业改革职工安置有关问题的补充通知》（鲁劳社〔2006〕81 号）；

6.《关于适当增加省直企业离休干部有关待遇的通知》（鲁劳社〔2002〕45 号）；

7. 省委办公厅、省政府办公厅转发省委组织部等七部门《关于做好改制重组以及关停破产国有企业离休干部工作的意见的通知》（鲁厅字〔2005〕8号）；

8.《工伤保险条例》（2003年4月27日国务院令第375号）；

9.《山东省人口与计划生育条例》（2002年9月28日经山东省第九届人民代表大会常务委员会第31次会议通过）。

二、企业现有人员状况截止×年×月×日（改制基准日，下同），企业改制涉及的人员总数为××人，具体情况如下：

1. 在册职工××人，其中：

（1）在岗职工××人；

（2）离岗职工××人。其中，1—4级伤残退出工作岗位的职工××人，企业内部退养职工××人，放长假职工××人，因病停工医疗超过180天的职工（以下简称长期病休职工）××人。

2. 离退休职工××人，其中：

（1）离休干部××人；

（2）退休职工××人。

3. 领取生活补助费的因病或非因工死亡职工的供养直系亲属××人。

三、职工安置办法

由于改制后的企业为非国有企业，职工身份发生了变化，企业必须先与职工解除劳动合同，按规定支付经济补偿金，到新企业工作的，重新签订劳动合同。

（一）职工安置

1. 经济补偿金的标准和支付方式

（1）经济补偿金的标准根据《省属国有企业改制劳动保障有关问题处理办法》（鲁劳社〔2004〕5号）和《关于省属国有企业改革职工安置有关问题的补充通知》（鲁劳社〔2006〕81号）的有关规定，截至到改制基准日（×年×月×日）职工在国有企业的工作年限，每满1年发给相当于本人1个月工资的经济补偿金；工作时间六个月以上不满1年的部分按1年的标准计算；不满六个月的部分按半年的标准计算。经济补偿金标准按企业正常生产情况下，职工个人在改制基准日前12

个月的月平均工资计算。其中，职工个人月平均工资低于企业月平均工资的，按企业月平均工资计算；职工个人（含企业经营管理人员）月平均工资高于企业月平均工资3倍的，按企业月平均工资的3倍计算。职工在国有企业的工作年限，是指职工在国家机关、事业单位和国有企业的工作年限。职工以下的工作年限在计算经济补偿金时应予剔除：

①职工过去已领取经济补偿金的工作年限；②职工再次就业以前的工作年限；③因被开除、除名、追究刑事责任等原因解除劳动关系，依法不支付经济补偿金的工作年限；④其他应当扣除的工作年限。

（2）经济补偿金的支付方式，职工按规定享受的经济补偿金经省劳动和社会保障厅审核后，按照管理权限履行国有资产处置手续时，从××厂净资产中一次性扣除。所有职工的经济补偿金一次性以现金方式支付给本人。

2. 在职职工的安置

××厂与在职职工解除劳动合同，一次性支付经济补偿金，职工不再保留国有企业职工身份。在职工个人自愿的前提下，改制后企业原则上全部接收安置原企业的在职职工。经职工本人申请，到改制后企业工作的职工，改制后企业依照《劳动合同法》等有关规定，本着平等自愿、协商一致的原则，与职工签订新的劳动合同。新签订的劳动合同期限不少于原劳动合同未履行的期限，未履行期限短于3年的签订不少于3年期限的劳动合同；符合《劳动合同法》规定签订无固定期限劳动合同条件的签订无固定期限劳动合同；三年内符合退休条件的职工，劳动合同签至退休日。新企业工商注册登记后30日内，办结重新签订劳动合同的相关手续。改制后企业将根据建立现代企业制度的要求，加强和完善劳动合同管理，依法履行劳动合同，切实维护好企业和职工的合法权益。经职工本人申请，不到改制后企业工作的职工，××厂与其解除劳动合同，并办结相关手续。

3. 因工负伤和患职业病职工的安置

4. 在册职工××人

其中：（1）在岗职工××人；（2）离岗职工××人。其中，1—4级伤残退出工作岗位的职工××人，企业内部退养职工××人，放长假职工××人，因病停工医疗超过180天的职工（以下简称长期病休职工）××人。

5. 离退休职工××人，其中：（1）离休干部××人；（2）退休职工××人。

6. 领取生活补助费的因病或非因工死亡职工的供养直系亲属××人。

三、职工安置办法

由于改制后的企业为非国有企业，职工身份发生了变化，企业必须先与职工解除劳动合同，按规定支付经济补偿金，到新企业工作的，重新签订劳动合同。

（一）职工安置

1. 经济补偿金的标准和支付方式

（1）经济补偿金的标准

根据《省属国有企业改制劳动保障有关问题处理办法》（鲁劳社〔2004〕5号）和《关于省属国有企业改革职工安置有关问题的补充通知》（鲁劳社〔2006〕81号）的有关规定，截至到改制基准日（年月日）职工在国有企业的工作年限，每满1年发给相当于本人1个月工资的经济补偿金；工作时间六个月以上不满1年的部分按1年的标准计算；不满六个月的部分按半年的标准计算。经济补偿金标准按企业正常生产情况下，职工个人在改制基准日前12个月的月平均工资计算。其中，职工个人月平均工资低于企业月平均工资的，按企业月平均工资计算；职工个人（含企业经营管理人员）月平均工资高于企业月平均工资3倍的，按企业月平均工资的3倍计算。

职工在国有企业的工作年限，是指职工在国家机关、事业单位和国有企业的工作年限。职工以下的工作年限在计算经济补偿金时应予剔除：

①职工过去已领取经济补偿金的工作年限；

②职工再次就业以前的工作年限；

③因被开除、除名、追究刑事责任等原因解除劳动关系，依法不支付经济补偿金的工作年限；

④其他应当扣除的工作年限。

（2）经济补偿金的支付方式职工按规定享受的经济补偿金经省劳动和社会保障厅审核后，按照管理权限履行国有资产处置手续时，从××厂净资产中一次性扣除。所有职工的经济补偿金一次性以现金方式支付给本人。

2. 在职职工的安置

××厂与在职职工解除劳动合同，一次性支付经济补偿金，职工不再保留国有企业职工身份。在职工个人自愿的前提下，改制后企业原则上全部接收安置原企业的在职职工。经职工本人申请，到改制后企业工作的职工，改制后企业依照《劳动合同法》等有关规定，本着平等自愿、协商一致的原则，与职工签订新的劳动合同。新签订的劳动合同期限不少于原劳动合同未履行的期限，未履行期限短于3年的签订不少于3年期限的劳动合同；符合《劳动合同法》规定签订无固定期限劳动合同条件的签订无固定期限劳动合同；三年内符合退休条件的职工，劳动合同签至退休日。新企业工商注册登记后30日内，办结重新签订劳动合同的相关手续。改制后企业将根据建立现代企业制度的要求，加强和完善劳动合同管理，依法履行劳动合同，切实维护好企业和职工的合法权益。经职工本人申请，不到改制后企业工作的职工，××厂与其解除劳动合同，并办结相关手续。

3. 因工负伤和患职业病职工的安置

对因工致残鉴定为1—10级伤残的职工，原则上由改制后的企业按照国家和省有关规定负责管理或安置。

（1）被鉴定为1—4级伤残的工伤职工，按原渠道执行定期伤残津贴，不支付经济补偿金。

（2）被鉴定为5—10级伤残的工伤职工，本人自愿不与改制后企业签订劳动合同的，支付经济补偿金、一次性工伤医疗补助金和一次性伤残就业补助金。本人自愿与改制后企业签订劳动合同的工伤职工中，对被鉴定为5—6级伤残的，按照鲁劳社〔2004〕5号文件和鲁劳社〔2006〕81号文件的规定，预留伤残津贴和社会保险费等费用，不支付经济补偿金；对被鉴定为7—10级伤残的，支付经济补偿金，预留一次性工伤医疗补助金和一次性伤残就业补助金。

4. 其他各类人员的安置（此处可根据本企业情况确定，并报人力资源和社会保障厅批准）

（1）长期病休职工由改制后的企业负责管理或安置。

（2）离开本单位保留劳动关系的停薪留职和长期休假人员，按照政策规定的能够确定的工龄时间，支付经济补偿金。

（二）预留或支付劳动保障费用情况

××厂依据《省属国有企业改制劳动保障有关问题处理办法》（鲁劳社〔2004〕5号）和《关于省属国有企业改革职工安置有关问题的补充通知》（鲁劳社〔2006〕81号）等有关政策规定，经测算，企业改制劳动保障费用共计××元。

1. 职工安置费用

（1）职工解除劳动合同经济补偿金；

（2）工伤（含职业病）职工的有关费用。

2. 社会保险等费用

（1）离休干部预留的有关费用；

（2）因病或非因工死亡职工遗属生活困难补助费。

3. 政策规定的其他费用

4. 各种费用的支付、保管

为职工核定的经济补偿金等一次性费用，改制企业必须在办理产权登记前向职工支付完毕。为改制企业职工预留的、需要在未来分期支付或缴纳的费用，由改制后的企业保管并按规定分期支付给职工或向社会保险经办机构缴纳。

（三）职工社会保险等关系的转移和接续

根据《劳动合同法》的规定，××厂已在当地社会保险经办机构参加了养老保险社会统筹、失业保险社会统筹、工伤保险社会统筹、医疗保险社会统筹、计划生育保险社会统筹等。改制后的企业根据国家规定，各种社会关系按照以下办法进行转移和接续。

1. 社会保险关系的处理。与改制后企业签订劳动合同的职工，其社会保险关系由改制后企业接收和管理，改制后的企业继续参加各项社会保险，为职工按时足额缴纳各项社会保险费；未与改制后企业签订劳动合同的职工，自行办理有关社会保险关系的接续手续。改制前后职工社会保险缴费年限（含视同缴费年限）合并计算。

2. 其他关系的管理。与改制后企业签订劳动合同的职工，其职工档案、住房公积金等有关关系由改制后企业接收和管理；未与改制后企业签订劳动合同的职工，其职工档案、住房公积金等有关关系在企业改制时移交给地方或新就业单位管理。

3. 离休干部、被鉴定为1—4级伤残的工伤职工，其各种社会关系由改制后企业接收和管理。

四、组织领导

××厂成立了以××为组长，××党委书记、××为副组长的改制领导小组，同时成立了××等部门负责人为成员的改制领导小组办公室。改制领导小组根据改制工作要求，成立了职工安置小组，专门负责职工安置方案的制订和组织实施工作，协调解决企业改制中遇到的问题，切实做好稳定工作，保证职工安置工作顺利开展。

××××厂

×年×月×日

××市《再就业优惠证》申请表

姓名		性别		出生年月日		照片
民族		婚否		下岗失业时间		
身份证号码						
家庭住址						
原工作单位名称	（国有、集体、其他）					
下岗失业时间	年　月　日					
申请再就业援助事由						
户口所在地社区或居委会意见	单位盖章 负责人：　经办人：　年　月　日					
街道劳动保障机构意见	单位盖章 负责人：　经办人：　年　月　日					
县级以上劳动保障机构意见	单位盖章 负责人：　经办人：　年　月　日					

××市法律援助申请表

编号：

<table>
<tr><td>申请人姓名</td><td></td><td>身份证号</td><td colspan="2"></td></tr>
<tr><td>工作单位</td><td colspan="2"></td><td>联系电话</td><td></td></tr>
<tr><td>家庭住址</td><td colspan="4"></td></tr>
<tr><td colspan="2">是否工会干部或劳模</td><td></td><td>文化程度</td><td></td></tr>
<tr><td colspan="5">家庭经济状况</td></tr>
<tr><td>家庭人口数</td><td>本人月收入</td><td>家庭月收入</td><td>人均生活费</td><td>是否进低保</td></tr>
<tr><td></td><td></td><td></td><td></td><td></td></tr>
<tr><td>请求援助的事项和理由</td><td colspan="4"></td></tr>
<tr><td>所属基层工会证明</td><td colspan="2">工会法律援助中心意见</td><td colspan="2">地方法律援助中心意见</td></tr>
<tr><td></td><td colspan="2"></td><td colspan="2">（经工会提请地方法律援助时）</td></tr>
<tr><td>备注</td><td colspan="4">1. 本表一式三份，申请人、工会职工法律援助中心、地方法律援助中心各留一份。
2. 申请维权的事项和理由一栏内应填写案由、请求维权的形式。
3. 维权形式包括：免费代写法律文书；减、免、缓交服务费用代理参加仲裁、诉讼。</td></tr>
</table>

××市解除终止劳动合同退工名册

组织机构代码□□□□□□□□□□

单位名称（公章）　　　　　　　　　　　　　　　　　表号：X劳等字8号

序号	公民身份证号码	姓名	性别	就失业证号	户口所在区（县）街（镇）	解除终止类　别	解除终止合同原因	解除终止合同日期
1	2	3	4	5	6	7	8	9
1						□解除 □终止		年　月　日
2						□解除 □终止		年　月　日
3						□解除 □终止		年　月　日
4						□解除 □终止		年　月　日
5						□解除 □终止		年　月　日
6						□解除 □终止		年　月　日
7						□解除 □终止		年　月　日
8						□解除 □终止		年　月　日
9						□解除 □终止		年　月　日
10						□解除 □终止		年　月　日

一式四份①失业保险②经办机构③劳动力管理部门④用人单位

填表说明：第8栏中解除合同原因按①协商一致②试用期不合格③劳动者过失④不胜任工作⑤用人单位过失⑥医疗期满⑦客观情况发生变化⑧劳动者提出⑨企业破产或解散⑩经济性裁员

制表人：（签章）　　　　联系电话：　　　　失业保险经办机构（章）　　　　劳动力管理部门（章）

填表时间：　　年　月　日　　　　经办人：（签章）　　年　月　日　　　　经办人（签章）　　年　月　日

办理《就业失业登记证》业务流程图

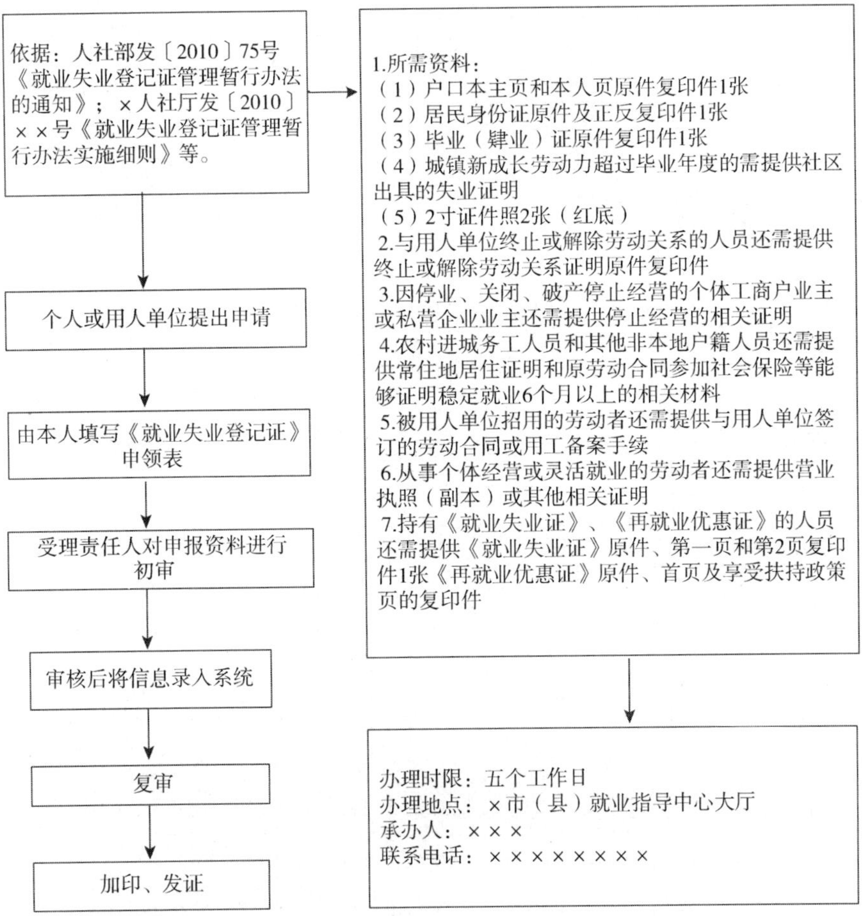

劳动争议仲裁流程图

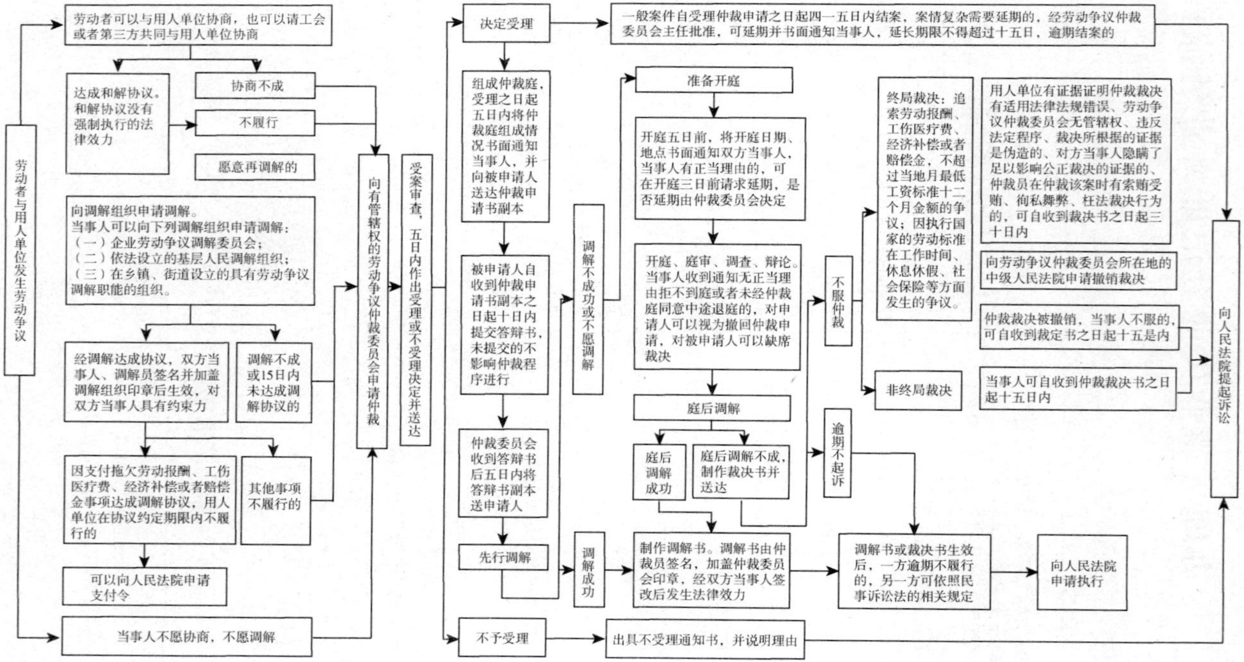
劳动者与用人单位发生劳动争议
劳动者可以与用人单位协商，也可以请工会或者第三方共同与用人单位协商
达成和解协议。和解协议没有强制执行的法律效力
协商不成
不履行
愿意再调解的
向调解组织申请调解。
当事人可以向下列调解组织申请调解：
（一）企业劳动争议调解委员会；
（二）依法设立的基层人民调解组织；
（三）在乡镇、街道设立的具有劳动争议调解职能的组织。
经调解达成协议，双方当事人、调解员签名并加盖调解组织印章后生效，对双方当事人具有约束力
调解不成或15日内未达成调解协议的
因支付拖欠劳动报酬、工伤医疗费、经济补偿或者赔偿金事项达成调解协议，用人单位在协议约定期限内不履行的
其他事项不履行的
可以向人民法院申请支付令
当事人不愿协商，不愿调解
向有管辖权的劳动争议仲裁委员会申请仲裁
受案审查，五日内作出受理或不受理决定并送达
决定受理
一般案件自受理仲裁申请之日起四一五日内结案，案情复杂需要延期的，经劳动争议仲裁委员会主任批准，可延期并书面通知当事人，延长期限不得超过十五日，逾期结案的
组成仲裁庭，受理之日起五日内将仲裁庭组成情况书面通知当事人，并向被申请人送达仲裁申请书副本
被申请人自收到仲裁申请书副本之日起十日内提交答辩书，未提交的不影响仲裁程序进行
仲裁委员会收到答辩书后五日内将答辩书副本送申请人
先行调解
调解不成功或不愿调解
调解成功
准备开庭
开庭五日前，将开庭日期、地点书面通知双方当事人，当事人有正当理由的，可在开庭三日前请求延期，是否延期由仲裁委员会决定
开庭、庭审、调查、辩论。当事人收到通知无正当理由拒不到庭或者未经仲裁庭同意中途退庭的，对申请人可以视为撤回仲裁申请，对被申请人可以缺席裁决
庭后调解
庭后调解成功
庭后调解不成，制作裁决书并送达
制作调解书。调解书由仲裁员签名，加盖仲裁委员会印章，经双方当事人签收后发生法律效力
不服仲裁
逾期不起诉
终局裁决：追索劳动报酬、工伤医疗费、经济补偿或者赔偿金，不超过当地月最低工资标准十二个月金额的争议；因执行国家的劳动标准在工作时间、休息休假、社会保险等方面发生的争议。
非终局裁决
用人单位有证据证明仲裁裁决有适用法律法规错误、劳动争议仲裁委员会无管辖权、违反法定程序、裁决所根据的证据是伪造的、对方当事人隐瞒了足以影响公正裁决的证据的、仲裁员在仲裁该案时有索贿受贿、徇私舞弊、枉法裁决行为的，可自收到裁决书之日起三十日内
向劳动争议仲裁委员会所在地的中级人民法院申请撤销裁决
仲裁裁决被撤销，当事人不服的，可自收到裁定书之日起十五是内
当事人可自收到仲裁裁决书之日起十五日内
调解书或裁决书生效后，一方逾期不履行的，另一方可依照民事诉讼法的相关规定
向人民法院申请执行
向人民法院提起诉讼
不予受理
出具不受理通知书，并说明理由

七、关联法律法规政策索引

1. 中华人民共和国劳动法（2009 年 8 月 27 日修正　中华人民共和国主席令第 18 号公布）

2. 中华人民共和国合同法（1999 年 3 月 15 日　中华人民共和国主席令第 15 号公布）

3. 中华人民共和国证券法（2005 年 10 月 27 日修订　中华人民共和国主席令第 43 号公布）

4. 中华人民共和国破产法（2006 年 8 月 27 日　中华人民共和国主席令第 54 号公布）

5. 中华人民共和国社会保险法（2010 年 10 月 28 日　中华人民共和国主席令第 35 号公布）

6. 中华人民共和国劳动合同法（2012 年 12 月 28 日修正　中华人民共和国主席令第 73 号公布）

7. 中华人民共和国公司法（2013 年 12 月 28 日修正　中华人民共和国主席令第 8 号公布）

8. 社会保险费征缴暂行条例（1999 年 1 月 22 日　国务院令第 259 号公布）

9. 住房公积金管理条例（2002 年 3 月 24 日　国务院令第 350 号公布）

10. 工伤保险条例（2010 年 12 月 20 日修订　国务院令第 52 号公布）

11. 事业单位人事管理条例（2014 年 4 月 25 日　国务院令第 652 号公布）

12. 股份制企业试点办法（1992 年 5 月 15 日　体改生〔1992〕30 号）

13. 国务院关于在若干城市试行国有企业破产有关问题的通知（1994 年 10 月 25 日　国发〔1994〕59 号）

14. 劳动部关于发布《企业职工患病或非因工负伤医疗期规定》的通知（1994 年 12 月 1 日　劳部发〔1994〕479 号）

15. 劳动部关于印发《违反和解除劳动合同的经济补偿办法》的通知（1994 年 12 月 3 号　劳部发〔1994〕481 号）

16. 劳动部关于贯彻《企业职工患病或非因工负伤医疗期规定》的通知（1995 年 5 月 23 日　劳部发〔1995〕236 号）

17. 劳动部关于印发《关于贯彻执行〈中华人民共和国劳动法〉若干问题的意见》的通知（1995 年 8 月 4 日　劳部发〔1995〕309 号 ）

18. 劳动部关于实行劳动合同制度若干问题的通知（1996 年 10 月 31 号　劳部发〔1996〕354 号）

19. 国务院关于在若干城市试行国有企业兼并破产和职工再就业有关问题的补充通知（1997 年 3 月 2 日　国发〔1997〕10 号）

20. 劳动部关于企业实施股份制和股份合作制改革中履行劳动合同问题的通知（1998 年 1 月 26 日　劳部发〔1998〕34 号）

21. 劳动和社会保障部、国家经济贸易委员会、财政部、教育部、国家统计局、中华全国总工会、关于加强国有企业下岗职工管理和再就业服务中心建设有关问题的通知（1998 年 8 月 3 日　劳社部发〔1998〕8 号 ）

22. 国务院关于进一步做好下岗职工基本生活保障和企业离退休人员养老金发放工作有关问题的通知（1999 年 2 月 3 日　国办发〔1999〕10 号）

23. 国家经济贸易委员会、财政部、中国人民银行关于出售国有小型企业中若干问题意见的通知（1999 年 2 月 11 日　国经贸中小企〔1999〕89 号）

24. 劳动和社会保障部、民政部、财政部关于做好国有企业下岗职工基本生活保障失业保险和城市居民最低生活保障制度衔接工作的通知（1999 年 4 月 29 日　劳社部发〔1999〕13 号）

25. 天津市劳动和社会保障局关于理顺和规范改制企业与劳动者劳动关系的意见（1999 年 06 月 18 日　津劳局〔1999〕230 号）

26. 国家经济贸易委员会、财政部、劳动和社会保障部、国土资源部、中国人民银行、国家税务总局、国家工商行政管理总局、中华全国总工会关于国有大中型企业主辅分离辅业改制分流安置富余人员的实施办法（2002 年 11 月 18 日　国经贸企改〔2002〕859 号）

27. 劳动保障部、财政部、国资委关于印发国有大中型企业主辅分离辅业改制分流安置富余人员的劳动关系处理办法的通知（2003 年 7 月 31 日　劳社部发〔2003〕21 号）

28. 劳动和社会保障部关于确立劳动关系有关事项的通知（2005 年 5 月 25 日　劳社部发〔2005〕12 号）

29. 国务院关于进一步加强就业再就业工作的通知（2005 年 11 月 4 日　国发〔2005〕36 号）

30. 国务院办公厅转发国资委关于进一步规范国有企业改制工作实施意见的通知（2005 年 12 月 19 日　国办发〔2005〕60 号）

31. 国资委关于印发《企业主辅分离辅业改制资产处置核销操作指引》的通知（2009 年 1 月 20 日　国资发产权〔2009〕7 号）

32. 中共中央、国务院关于分类推进事业单位改革的指导意见（2011 年 3 月 23 日　中发〔2011〕5 号）

33. 国务院办公厅关于在全国范围内开展厂办大集体改革工作的指导意见（2011 年 4 月 18 日　国办发〔2011〕18 号）

34. 国务院批转发展改革委等部门关于深化收入分配制度改革若干意见的通知（2013 年 2 月 3 日　国发〔2013〕6 号）

后记

1994年7月5日，在劳动法制建设上具有里程碑意义的《中华人民共和国劳动法》颁布，我国劳动关系进入了依法调整的新时期。20年来，我国已初步形成以《劳动法》为龙头，《劳动合同法》、《就业促进法》、《社会保险法》、《安全生产法》、《职业病防治法》、《劳动争议调解仲裁法》等法律法规相配套的劳动法律体系。这一切，都对社会发展和劳动者的生活带来了巨大的影响。

近年来，伴随着劳动者依法维权意识增强，人们对劳动法律知识的需求也日益突出。针对这一实际问题，为满足广大职工的利益诉求，中国工人出版社策划出版了“劳动权益书系”（共18册）。本丛书把涉及劳动权益的法律政策进行分类，集中梳理出与劳动者切身利益相关的劳动法律问题并附以文书与图示、关联法律法规政策索引，更加方便职工查阅使用。

希望这套丛书的出版，能够帮助广大职工了解、掌握一些必备的法律知识，增强法律观念，提高法律素质，同时对工会组织职工、引导职工、服务职工、维护职工权益方面起到促进作用。

编　者

2014年6月